Heibonsha Library

路地裏の大英帝国

平凡社ライブラリー

Heibonsha Library

路地裏の大英帝国

イギリス都市生活史

角山榮
川北稔編

平凡社

本著作は一九八二年二月、平凡社より刊行されたものです。

目次

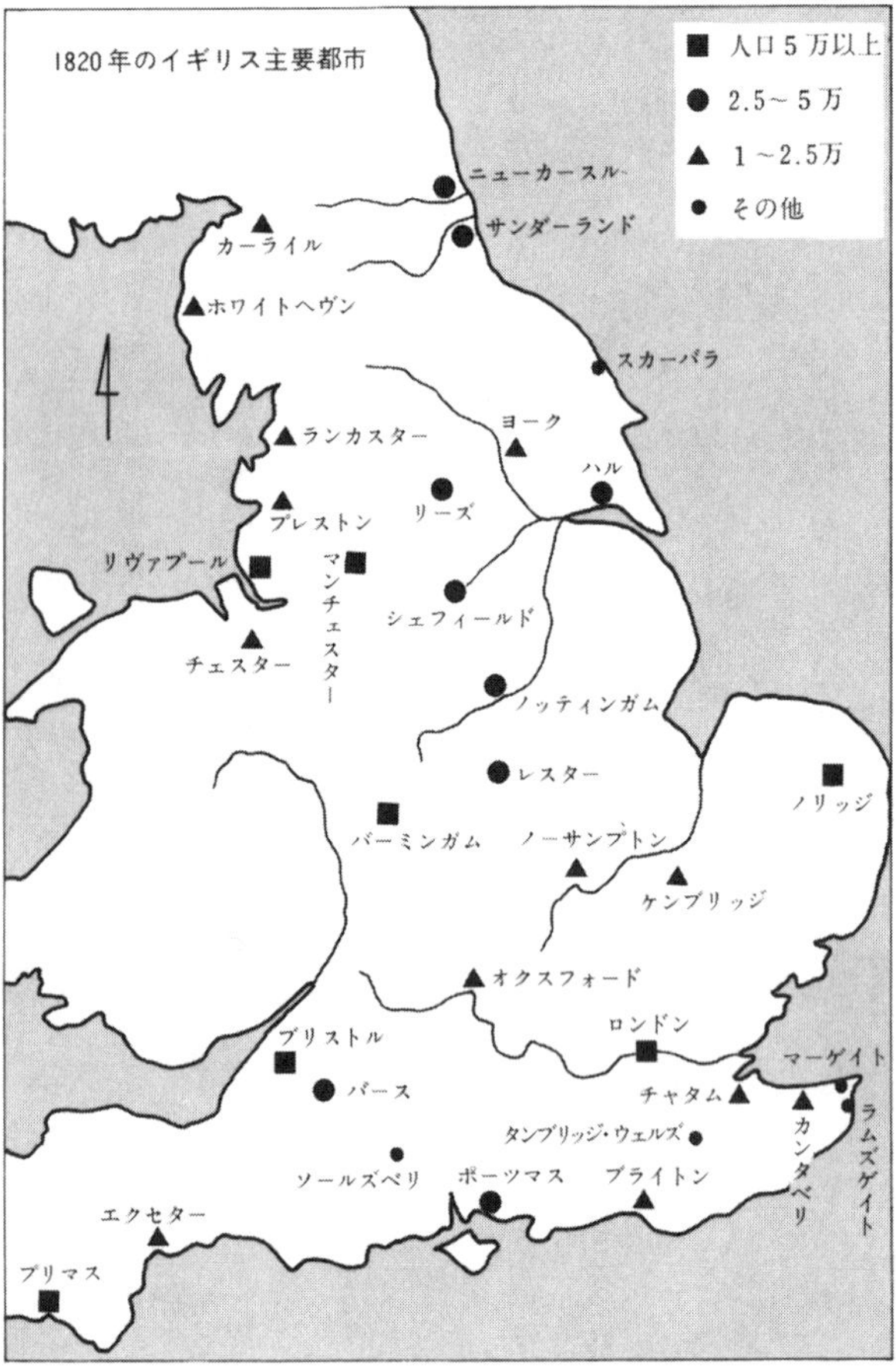
1820年のイギリス主要都市
人口５万以上
2.5～５万
1～2.5万
その他
ニューカースル
サンダーランド
カーライル
ホワイトヘヴン
スカーバラ
ヨーク
ランカスター
ハル
リーズ
プレストン
リヴァプール
マンチェスター
シェフィールド
チェスター
ノッティンガム
レスター
ノリッジ
バーミンガム
ノーサンプトン
ケンブリッジ
オクスフォード
ロンドン
ブリストル
マーゲイト
チャタム
バース
カンタベリ
ラムズゲイト
タンブリッジ・ウェルズ
ソールズベリ
ポーツマス
ブライトン
エクセター
プリマス

1 都市文化の誕生

「イギリスの都市は外国人の目には奇妙に映る。たとえば、わが祖国ドイツでなら農村とは違う都市の特徴だと思われているようなものが、ここでは何ひとつ見当たらないのだ。……ここには市壁もなければ、市門もない。恐ろしい監視人もいはしない。町でも村でもまるで広大な野原をゆくように、何にも妨げられずに通り抜けられるのだ。」綿織物工業を中心に産業革命の過程が急速に進み、まさにイギリスが工業社会に変身しようとしていた一七八二年、かねて憧れのこの国を旅行したプロイセンの聖職者モリッツ師の印象である。しかし、イギリスの都市もはじめからこのように開放的だったわけでもないし、すべての都市がそうだったのでもない。イギリスでもかつては、モリッツのいうドイツの都市のような町がふつうに存在していたのである。中世のイギリス都市は市壁に囲まれ、教会、修道院、養老院でもあればハンセン病患者などの隔離施設でもあった病院、そのほか各種の慈善施設、ギルド・ホールなど、なかば公共の建物が林立して、周辺の農村からきたお上りさんたちを睥睨《へいげい》していた。たとえば、大司教座の所在地として中世ではロンドンにつぐ大都会であったヨークに

中世のレスター

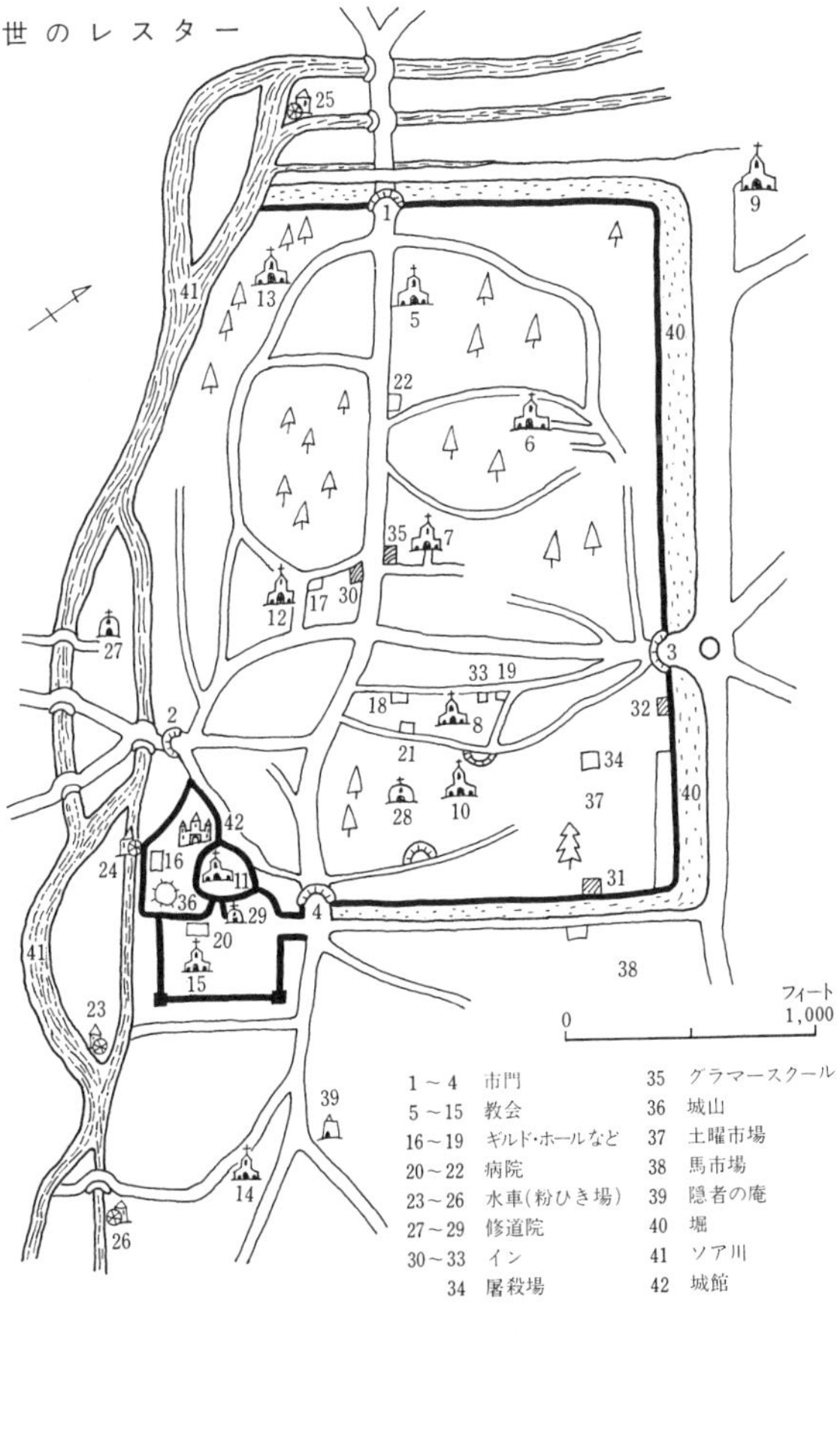
フィート
0
1,000
1～4　市門
5～15　教会
16～19　ギルド・ホールなど
20～22　病院
23～26　水車(粉ひき場)
27～29　修道院
30～33　イン
34　屠殺場
35　グラマースクール
36　城山
37　土曜市場
38　馬市場
39　隠者の庵
40　堀
41　ソア川
42　城館

は、有名な大聖堂《ミンスター》のほか三〇以上の教区教会、各種の学校、有力なギルドの建物などがたち並び、偉容を誇っていた。

ヨークほどの大都会ではなかったレスターでも、市壁と市門に囲まれ、一〇以上の教会、修道院、学校、それに集会場でもあれば馬車の駅でもあり、旅籠《はたご》でもあったインなどが蝟集《いしゅう》していたことは、地図をみればよくわかる。北東の隅には土曜日ごとに開かれる週市の用地があり、屠殺場や毛織物の取引の場所もそこにあった。この町が周辺一帯の経済センターの役割を果たしていた証拠である。しかし、工業化前の都市をあまり現代風に考えるのもまちがいで、たとえばこんな事実もある。もともとローマ人が建設したこの町は、ソア川をテムズ川、南端の城砦をロンドン塔と読みかえるだけで、そっくり小型ロンドンといってよい形になっているのだが、地図にもみえるとおり、町中には果樹園や菜園も多く、牛は市外の牧草地で飼われたものの、豚が街路をかけまわり、汚物を撒き散らすといった光景もごくふつうにみられたものである。

このような都市は、たいてい国王の特許状によって自治権を認められていたこともいうまでもない。いまも多くの都市にその名残りがみられる市壁、教会関係の壮大な建物、当時の人びとには迷路のように入りくんでいると感じられた通りの数々などは、その特権と富を目にみえる形で誇示する装飾でもあったのだ。これらの都市で繰りひろげられた華やかな祭りやペイジェントもまた、町の住民の一体感つまり共同体意識をもりあげたばかりでなく、都市の生活をいっそうきらびやかにしてもいたのである。たとえば、カンタベリでは七月六日に聖トマス・ベケットの夜祭りがあり、無数の山車《だし》が町中を練り歩いた。山車にはそれぞれイエスの誕生、聖母マリアの被昇天、ベケットその人の殉教などを表わす見事な飾りつけがなされていた。もちろん、宗教色の薄い祭りや催しも少なくなかったのだが、いずれにせよこのような催しは、もっと日常的な教会や学校の活動とともに、都市をたんなる経済活動の中心というよりは、文化活動の拠点たらしめていたのである。

衰える都市と勃興する都市

しかし、このように輝かしかった「中世都市」も、一五三〇年代にこの国を吹き荒れた宗教改革の嵐のまえにしだいに影を薄くしてゆく。とくに教会勢力が混乱、衰微し、修道院も解散されたために、都市の文化的な機能が果たされなくなったからである。教会関係の施設のなかには、富裕な商人の居宅やふだんは農村に住む大地主で、この国の伝統的な支配階級を形成したジェントルマンたちの都会の別荘などに転換されたものもあるが、その多くは荒れるにまかされた。すでに一五四〇年のある法令には、サウサンプトン、カンタベリ、オクスフォードなど一ダース以上の有名な町が、「いまでは衰退し、廃墟と化している」とさえ評されている。かつて中世都市の象徴であった市壁も崩れおち、ただ醜態をさらすのみという都市も少なくなかったのである。同時に、都市民のあいだで維持されてきた祭りや諸々の行事、習慣といった民衆の生活文化も途絶えてしまうことが多かった、ともいわれている。

もっとも、エリザベスやクロムウェルの時代のイギリスでも、すべての都市が衰えたのではない。ふつう「市場町《マーケット・タウン》」とか「農村都市」とかよばれた、町とも田舎ともつかない集落は、一七世紀前半まではむしろ発達していたといえる。また、大きい方から数えて十指にはいる程度の大都市も、この時代にはたいてい繁栄し、成長を遂げた。しかし、それらにもまして驚異的といってもよい膨脹ぶりを示したのが、ロンドンであった。イギリスは、農村と都市に二分されるのではなく、農村と地方都市とロンドンに三分される、とする考え方が定着するのはこのためである。

市場町は、小さい場合は人口六〇〇人程度、市《いち》のたつ広場と教会、学校、インなどがいちおう認められる場合でも、市壁はなく、街路も大通りは一筋か二筋だけの単純で、小規模な集落である。自治権は認められておらず、住民のほとんどは農民である。このような市場町は農産物や畜産物などの商品取引の盛んな首都圏にたくさん成立し、人口が急速に増加した一六世紀にはかなり成長した。しかし、一七世紀後半以降、人口があまりふえなくなり、商品取引も大都市に集中するようになると、市場町は衰退する。バーミンガムのように例外的に発達した都市もあれば、「マザー・グースの唄」でも知られるバンベリのように、本格的な自治都市になったものもあるが、たいていは停滞したり、没落したりしていったのである。

都市の雅《みやび》

ところで、このようにいうと、そもそもそんな小さな集落は都市とよべるのか、という疑問も湧いてこよう。ごく最近、イギリス人の一学者が提唱したところでは、つぎの五つの条件のうちいくつかを充たすものが都市ということになるらしい。(1)人口が集中し、(2)市がたち、周辺の商品取引の中心になっていること、(3)農業以外の職業をもつ人の比率が高いこと、(4)特有の政治機構をもつこと、(5)周辺の集落に文化的な影響力をもっていること、がそれである。市場町には人口が多少とも集中しているし、文字どおり市のたつ場所でもあるが、それ以外の条件となるとあやしい。それにしても「町とは何か」というかんたんな問いに答えるのにそんな仰々しい議論をするとは、とあきれるひともあろう。

じっさいもっとわかりやすい基準はないのか。日本語の都市や町にあたる英語には、シティcity、タウンtown、バラboroughなどがあり、少しずつ意味が違う。またそれぞれに対応して都市民を示す言葉にも、シティズン、タウンズフォーク、バージェス（ブルジョワ）などがある。しかし、これらの言葉はもともと法律上の用語であることが多く、一八三五年に都市自治体法が成立するころまではなお使い分けもされてきたのだが、当時の人びと、とくに農村の人びとが都会に対して抱いてきた、もっと感覚的なイメージ――華やかで、快楽的な――を表現しえているとはいえない。当時一般に使われたというような言葉では毛頭ないが、そうしたニュアンスを含む言葉としては「アーバニティ（上品さ、都雅）urbanity」というのがある。農村のそれと区別しうる都市の生活史を考えようとするこの書物では、この「都会の雅《みやび》」の認められるところこそが都市だ、と考えておく方が都合がよい。もちろん、都市のイメージには「上品さ」とはまさに正反対の「汚さ、醜さ、貧しさ」もあるのだが、とりあえずここでは「アーバニティ」を基準としておこう。実態はともかく、農村の人びとが「そこには何かしらよいことがある」ように思う場所、それが都市なのである。この基準からすれば、「市場町」はとうてい都市とはいえない。

一七〇〇年ごろのイギリスには七〇〇あまりの都市があったといわれるが、そのうち五〇〇から六〇〇は市場町だから、都市らしい都市は一〇〇あまりしかなかったことになる。この一〇〇都市のなかでも大部分は中・小都市で、一五〇〇年ごろの人口が五〇〇〇人以下、一七〇〇年でも八〇〇〇人以下程度の港町、大学町、教会・聖堂町、商業町などであったが、これらも一六、七世紀には衰退気味であったことはすでにのべた。

いまにロンドンは全イギリスを飲み込むだろう

一六、七世紀のイギリスで大発展を遂げたのは、ロンドンを圧倒的な例とする大都市と特殊な新興都市とである。後者のことはしばらくおくとして、すでに一七世紀初頭に国王ジェイムズ一世をして、「いまにイギリス全体を飲み込むだろう」と嘆かせた怪物《モンスター》都市ロンドンの急成長ぶりは驚異というほかない。たしかに、ブリストル、ノリッジ、エクセターなど各地方の核となる六ないし七つの大都市もそれぞれに成長し、一五〇〇年に七〇〇〇人程度であった人口も一七〇〇年には一万をはるかに超えるようにはなった。もう少し下までとって、一五二〇年に四〇〇〇人以上の人口を擁した都市をみると、その数一五、住民総数は全人口の六パーセントで、この比率は一四〇年ほど前の一三七七年と比べるとほとんど変わっていないのに対し、一八〇年のちの一七〇〇年には人口五〇〇〇以上の都市が三〇あり、その住

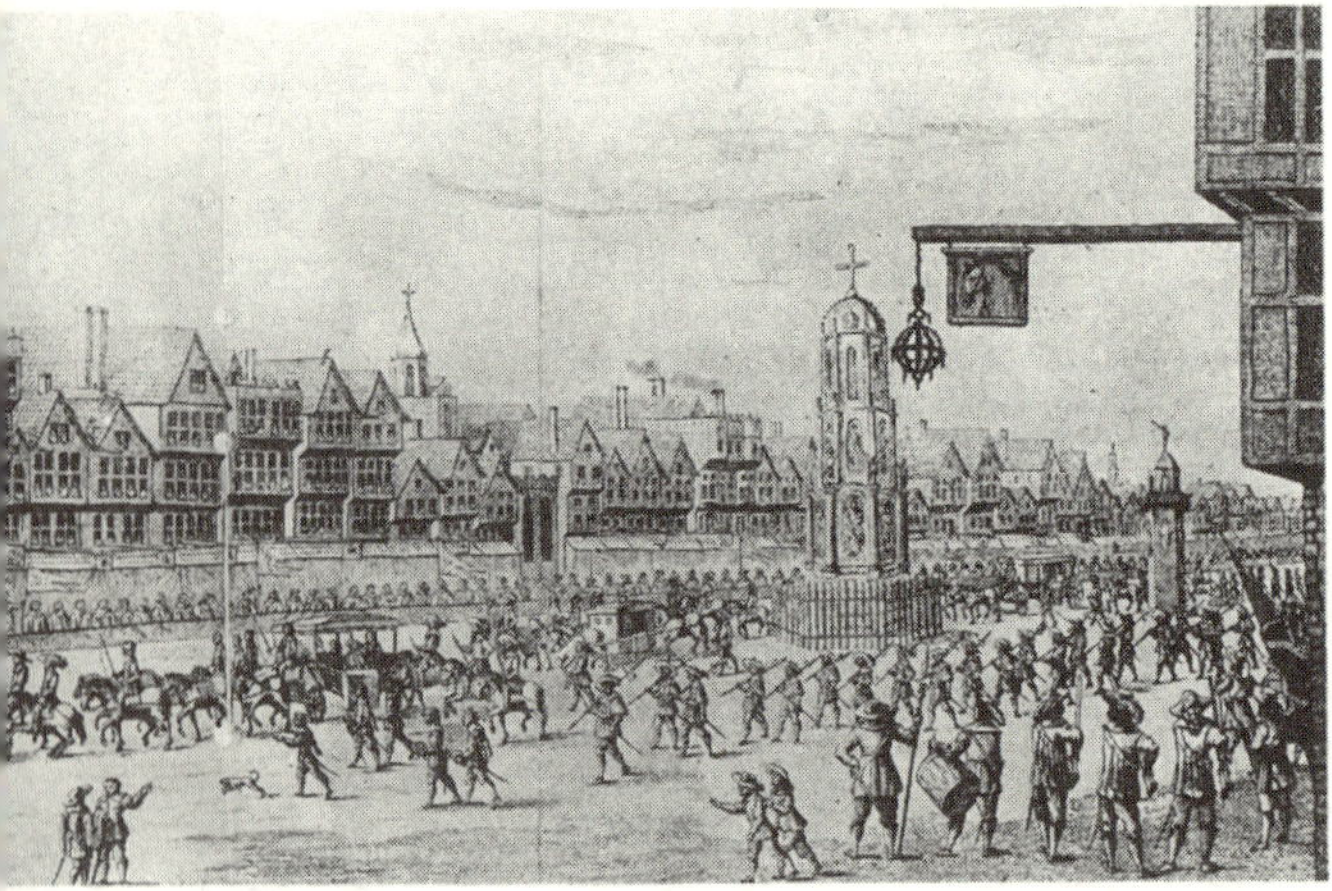

民は全人口の一五パーセントになってゆく。一六、七世紀に都市化がかなり進んだ証拠である。しかしそのなかでも、一五〇〇年に人口六万で総人口の三パーセントを占めていたロンドンが、一七〇〇年には五〇万、総人口の一割に達したのだから、それは都市化というより「ロンドン化」とでもいうべき現象だったのである。すでに一六〇〇年ごろでも、フランスでは人口四万を超える都市が六市、オランダには七市あったのに、イギリスではロンドンだけが聳え立っていて、地方の大都市というものがなかったのである。

しかし、この傾向は一八世紀には逆転する。すなわち、一八〇一年になると、ロンドンは人口九六万、対総人口比は一〇〇年前とほと

●ロンドンの中心街　チャールズ1世の義母の入京風景

んど変わっていないのに対し、人口一万以上の地方都市だけで九九万人、総人口の一一パーセントになったから、一八世紀は地方の大都市が相対的に成長した時代ということになろう。

都市ルネサンス

ピューリタンの政権が倒れて王政に戻った一六六〇年以来、一七七〇年代までのイギリスは、オランダやフランスと断続的に戦争を繰りかえしながら、新世界とアジアに植民地を拡大し、それらの地域との貿易をいっきょに確立した。この期間にイギリスの輸入量は六倍以上になったのだが、なかでも一七世紀中ごろまでは無視しえた新世界やアジア、アフリカからの輸入が全体のほぼ半額を占めるようになっていた。要するにイギリス植民地帝国の成立を示すこの大変化を、ふつうは「商業革命」とよぶ。「商業革命」は、外国貿易に従事する商人の富を激増させ、大貿易都市を成長させたほか、紅茶や砂糖、タバコ、綿織物など新奇な商品を大量にもたらして、イギリス人の生活を一変させた。一七七〇年代のイギリス人は、フランス人の平均八倍以上の砂糖を消費した。イギリス史上、このような現象は「生活革命」として知られている。「生活革命」の主要な舞台はロンドンを中心とする大都市――ノリッジを例外としてほとんどは貿易港――であった。

「商業革命」を背景とする「生活革命」の時代は「都市ルネサンス」の時代でもあった。一七世紀末以降のイギリスでは、復活の兆しをみせはじめたロンドン以外の地方都市でも、都市的な生活文化といえるものが生まれる。レジャー施設がつくられ、商店街が成立し、医療や教育にかかわる専門職の人びとがふえ、環境衛生が改善され、街並みの美化が図られるのである。あとでのべるバースなどの温泉都市はもっぱら地主＝ジェントルマンや大商人の社交場の役割を果たしたのだが、そのような特別の町ではなくても、遊歩道、公園、ボウリング用の緑地、競馬場などができ、選挙のための大宴会、芝居、コンサート、オペラ、サーカス、講演会などのおこなわれるインやコーヒーハウスがつぎつぎと生まれた。そのうちに、それぞれの目的に沿った常設の設備や施設が成立し、インやコーヒーハウスから独立してゆくようにもなる。一八世紀ロンドンの上流・中産階級の生活を飾ったラニラとヴォクソールの大集会場はその代表的な例である。

●〈シアター・ロイヤル〉劇場（18世紀末ごろ）

一七世紀中ごろには、なおロンドン以外には常設の劇場というものはなかったのだが、一七〇五年にはバース、一七三〇年にはヨークにそれがつくられ、一七六〇年ごろになるとほとんどの大都市には劇場と劇団が成立している。冬のあいだはロンドンの劇場が閉まったので、ロンドンの劇団——ときにはそのニセもの——が、地方巡業をおこなったものである。ロンドンでも、ピューリタン革命直後には三つしかなかった劇場が以後急速にふえ、コヴェント・ガーデンのように下層民には割引料金制度を採用するところも現われた。

一七七〇年ごろには、人口との比率では現在より劇場数の比率が高くなってさえいた。

オペラやコンサート用のホールも同様で、一六六〇年には常設のものはひとつもなかったが、ロンドンでは一七〇〇年ごろにいくつかつくられ、月刊の音楽専門誌さえ出現した。観劇と同じくコンサートに行く習慣もロンドンから地方都市に波及し、一七四四年にはマンチェスターでコンサート・ホールがつくられ、やがてほとんどの有力都市にひろがった。競馬場も同様で、すでに一七二二年には全国で一一二市が競馬会を催していたが、一八世紀中ごろになって、ロンドンの新聞が予告と結果を載せるようになったのと、アラブ系の馬が導入されたことでいっきょに普及し、常設の競馬場が全国につくられた。しかも、たとえばリヴァプールの「シアター・ロイヤル」の株主がつねに五パーセント以上の利潤をえたことでもわかるように、これらの施設への投資が経済的にもひきあうほど十分に利用されたのである。この時代のイギリスでは「レジャーが商品になった」とイギリス人の学者がいうのはこのことである。カネをかけてする「文化的な暇つぶし」は、経済的にいえばレジャー産業の成立を意味したというわけである。都市はそのための場所を提供したのである。

サービス業の出現

「都市ルネサンス」の第二の局面は、都市の社会的・経済的な構造の変化に表われている。穀物のようなもっとも基礎的な商品の取引――市場町はほとんどもっぱらこれにかかわっていた――にかわって、奢侈品ないし半奢侈品の生産や取引が本格化し、サービス業が顕著に発達するのである。時計や書物、家具などの生産や販売にあたる人びとが多くなり、その専門店が成立してくるのは前者の例である。一六六〇年にはロンドン以外ではあまりみられなかった本屋が、一七〇五年には全国で三〇〇店に達したといわれる。貸出し図書館が盛んになったという事実もある。

新聞も一六二〇年代には半官半民紙『ガゼット』があっただけだが、一六九〇年代には私的な新聞が二紙スタートし、一七六〇年には全国配達網さえ成立した。しかも、全国紙よりは地方紙の著しい成長がこの時代の特徴となっており、たとえばランカシャーのプレストンのような地方都市にまで、『週刊プレストン』なる地方紙が生まれた。J・アディソンやR・スティールの『スペクテイター』に代表される雑誌や小説類も一八世紀初頭から急激に普及するが、それらがいずれもマナーやファッションの記事を主な内容としていたことは、その社会的意味を考えるうえで注目しておく必要がある。料理の本や園芸の本、楽譜、辞典、子供向けの本などが出版されるようになったことも、大きな変化であった。出版文化の隆盛ぶりは、プレストンにおいてさえ一七四二年には本屋、製本屋が各一軒、印刷屋二軒が確認できるほどのものであった。スキャンダルやニュース、有名人の臨終の言葉などのほか、バラッドや歴史、有名な物語のあら筋——短縮した結果、悲劇が喜劇になったというおかしな例もある——を扱った二〇ページ前後の草子《チャップブック》が行商人によって売り歩かれるようになったのも、この時代のことである。また、新聞は催し物の予告や商品の広告などを載せたからレジャーや商品の普及に決定的な役割を果たした。

一八世紀にはショウ・ウィンドーや展示台をもつ商店、さらにその集合体としての商店街が成立する。娯楽としてのショッピングが地方都市で一般化するのはこの世紀の末からである。町のガイド・ブックに繁華な商店街のことが必ず記述されるようになるのがその証拠である。

医療などにたずさわるサービス業者も多くなった。プレストンでも、サービス業者は一七〇二年にこの町の全ギルド加入者の六パーセントだったのが、一七六二年には一三パーセントになっている。医師兼理髪師——なお両者を区別することはむずかしかった——は、一七二二年には一人しかいなかったのに、一七四二年には三三人になっている。庭師もこの間に五人から二〇人にふえ、イン経営者も五人から三二人にふえた。一七七〇年代の住所録をみると、イン経営者はバーミンガムで二四八人、マンチェスターに一四〇人、理髪師はそれぞれ四六人と二六人をかぞえている。初期の紡績工場経営者として著名なR・アークライトがそうだったように、理髪師は歯科医をも兼業していることが多かったようだ。

街灯に火をいれる――住みよい町に

都市ルネサンスはまた、生活環境を守るための公共施設や制度、いわゆるアメニティを確立させた。石、レンガ、タイルなどによる防火建築、火災保険制度、消防団の創設、街灯、舗装、街路清掃、上・下水道などがそれである。街灯の設置と舗装は早くも一六世紀に法制化されたものの、地方都市では一七四八年にレスターで実践された記録があるほか、本格的には一七七八年のドーヴァーをまたねばならない。ただしロンドンはこの点でも別格で、一八世紀はじめ、夜のロンドン入りをしたあるフランス人旅行者は、つぎのようにのべている。「汚くて狭い、ひどい街路も多いが、広くてまっすぐな、豪邸の林立する通りもある。ほとんどの通りはこうこうと照らし出されている。というのは、各戸の戸口にランターンつまりランプを入れたガラス玉がぶらさげられており、一晩中火を絶やさないからだ。大邸宅の場合は、鉄の支柱のついたこのようなランプが二つから四つもぶら下げられている。」

上・下水道の整備もこの時代にすすんだ。水道はふつう市当局の手で整備されたが、とくに一六九〇年代には西部のブリストル、東部のノリッジなどで工事がおこなわれ、人口が急増していたリヴァプールなどでも大きな問題になり、一七〇九年、改善のための法令が出された。ただし、このアメニティの問題は、第7章で詳しく扱われるので、ここでは深入りしないことにしよう。

都市ルネサンスはまた、都市の外観やタウン・プランにも表われた。たとえば、イギリスの都市にはちょっとした憩いの場として、統一されたデザインをもつ方形の小広場である「スクエア」がいたるところに認められる。このスクエアがつくられたのも、主にこの時代のことである。一七世紀末以来、都市の建築に美的考慮が加えられるようになり、建物のサイズやデザイン、材質などが規制されるようになったところから、近代イギリス都市の原型が形づくられたのである。イニゴ・ジョーンズらの先例もあるが、王立協会の創始者のひとりで、一六六六年大火のあとで再建されたロンドンの主要な建物を設計したクリストファー・レンが、建築家《アーキテクト》という社会的地位の高い専門職の事実上の嚆矢《こうし》となったのもそのためである。

大火以後のロンドンで木造建築が禁止されたのと同様の規制が、一七一四年にウォリックでもおこなわれた。ウォリックでは焼け残った古い建物についてさえ、せめて正面だけでも周辺の新しい建物と同じデザインにすることが義務づけられたりもした。あとでのべるホワイトヘヴンのような新しい建設都市では、地主が借地契約によって特定のデザインを強制することもあった。

都市の生活文化——リヴァプールの場合

このような都市ルネサンスを背景として、近代イギリスの都市文化が成立する。リヴァプールといえば、アフリカから西インド諸島への奴隷貿易によっていっきょに成長し、西インド諸島からの原綿輸入によって後背地マンチェスターを「コットン・ポリス」に押し上げた港湾都市で、スラムばかりが目立って「都市の雅」とはおよそ縁遠い印象をさえ与える都市である。しかし、一八世紀最後の四半世紀を回顧した同市の年代記をみると、そこにも生き生きとした都市文化がいきづいていたことがわかる。一七世紀前半までは二〇〇戸程度しかなかったのに、一七七〇年代には人口三万をはるかに超え、ロンドンにつぐ大都市となったこの町でも、祝祭日などの伝統的な行事・習慣がなお根強く残っている一面もあった。大晦日には夕食会があり、一二時になると全員で新年の歌を合唱し、窓を開けて「新年の空気を入れる」、といった具合である。イースターには、寄付をしないひとを胴上げして落とすという悪習も残っている、と年代記の作者は嘆いている。男女市民の服装や髪型、靴やステッキまでもが自分の時代、つまり一九世紀初頭とはひどく違っており、昼食時間さえ二時ないし三時ごろであったことなどを細々と説明したうえで、この作者はリヴァプール市民の文化活動とレジャーについて、えんえんと語るのである。いわく、舞踏会、トランプ会、アーチェリ大会、テニス、クリケット、ボウリングなどの会、喫煙、下層民の娯楽としての飲酒、闘鶏、闘犬、牛いじめ、競馬、新聞の普及、数日間に及ぶ音楽祭——競馬や舞踏会も同時におこなわれる——、芝居、サーカス、見せもの——泥んこ治療法などという得体の知れないものの実演もある——、手品、似顔絵描きならぬ似顔像つくり——「アレクサンダー大王の肖像」などをつくってみせる——、さらに厳しい入会規定をもつクラブ、飲食による買収・供応を伴い、群衆を煽動して暴動にまで走らせる選挙運動。これらの活動の舞台を提供したのは、インやコーヒーハウスを含む「都市ルネサンス」が生み落とした諸施設だったのである。

ただし、リヴァプールを称賛してやまなかったこの年代記作者も、当時の警察がまったく無力だったために、夜のリヴァプールの街角が暴力と犯罪の巣となっており、不良仲間には良家の子女も少なくないことは認めざるをえなかったようである。

スラムと郊外

都市の人口が増すにつれて、市中から出てゆくものもあった。手狭になった市場は、拡張のため外縁部に移動したし、富裕な商人も住居を郊外に移し、歴史上最初の職住分離による通勤者となった。この現象はロンドンでもっとも大規模にみられたが、リーズその他の大都市でも進行した。ロンドンではこの結果ウェスト・エンドの開発がすすみ、富裕な商人のヴィラが展開される。かれらはさらに、ロンドン周辺の諸州に小さな所領を買って、当時流行の古典様式の凝ったつくりの邸宅をたてるようにさえなった。それは、都市の最上層の商人が商人のままでいて地主＝ジェントルマンの生活様式を維持するための道具だてであった。

これとは逆に、イースト・エンドには貧民が集まり、やがては世界に悪名がとどろくほどの大スラムが成立する。すでに一六六〇年のこの地には五万人を超える貧民がいた。リーズでも、超過密化して環境の悪化した都市を逃れて、富裕な商人たちは「ザ・パーク」とよばれた西部郊外に高級住宅と倉庫の町をつくりあげた。しかし、一八世紀末以来、さらに人口がふえるとこの土地も環境衛生が悪化し、とくに水不足と煙害がひどくなったため、かれらは北部のさらに遠い郊外に逃れる。貧民の都市への流入はいずれの都市にとっても深刻な問題となっていた。最近の研究によれば、中・小都市などでは、浮浪者や貧民の流入はエリザベス時代ほどではなくなったことがわかっているが、ロンドンなどの大都会では問題はますます深刻化していった。たとえば、一六七〇年にノリッジ市の書記官は、「貧民の大群が毎日毎日まるで軍隊のように、わが町を侵略している」と記している。貧民問題に悩まされたブリストル市が、教区の枠を越えた新しい救貧組織をつくりあげたのも、この時代のことである。貧民の強制労働施設であるワークハウスや養老院などの救貧施設もまた、都市の顕著な目印となってゆくのである。

イギリスでは、ロンドンや地方の大都市にルネサンスとでもよぶべき現象がおこり、「都市の雅」が成立したこの時代は、同時に汚濁と喧騒の都市、犯罪と貧困の都市というイメージが定着してゆく時代でもあったのだ。冒頭にあげたプロイセン人モリッツは熱烈なイギリスびいきで、はじめて目のあたりにしたロンドンでは、セント・ポール大聖堂の偉容をはじめ、人びとの往来の激しさや、はては最下層のカキ売り女や乞食の服装の清潔さにまで感じ入っていたものである。しかし、かれでさえ、帰国準備のためにしばらく滞在したイースト・エンドのセント・キャサリン地区については、「この汚い、みじめたらしい街路といまにも崩れそうな家並みをみては、誰しもこの壮大にして感嘆おくあたわざる大都市ロンドンの印象を誤ってしまうだろう」といわざるをえなかったのである。

上流市民の郊外への逃避や田舎屋敷の建設には、都会人の農村への憧れともいうべき感情が溢れている。都市とは乱暴にいえば、農民の憧れるところだ、とすでにのべたが、都市民も逆に農村生活――ジェントルマンの文化は本質的に農村的である――にこよなく憧れた。競馬やボウリングのような野外の娯楽が成立するのも、この心情を背景としてのことだったのである。

「生まれのよさ」と「育ちのよさ」

都市ルネサンスはどんな社会的意味をもっていたのだろうか。一八世紀のはじめに南西部の地方首都エクセターを訪れたダニエル・デフォーは、「この町は地主＝ジェントルマンとその一族郎党に充ちていながら、商業もいたって盛んだ」と評した。都市ルネサンスを推進した主体は、もちろん富裕な市民、具体的には外国貿易商や法律家、医師、インの経営者などであった。西インド諸島にアフリカ人奴隷を使役する砂糖プランテーションをもつ不在プランター、アイルランドの不在地主、インドであくどい搾取をおこない一攫千金の夢を果たした俄か成金《ネイボッブ》、植民地獲得戦争で出世のチャンスをつかんだ将校たち、こんな人びともそのなかには多数みられた。「商業革命」を背景にして、どんどん富裕になったかれら上層市民は、伝統的な支配階級である地主＝ジェントルマン層への接近・同化を至上の理想としていた。

ジェントルマンとは、イギリス全体の人口の五パーセントほどを占めた支配階級であり、少なくとも数世代前からは、巨大な所領の地主として金儲けのための仕事をせず、地代収入によって奢侈的な生活を送った人びとである。かれらは地方及び中央の政治を担当し、特有の教養や生活様式――その具体的な内容は時代によって微妙に変化する――を維持した。ジェントルマンのなかには数百家族の爵位貴族と身分的には庶民である数万家族のジェントリとがあったが、両者は互いに通婚し、社会的には単一の支配階級をなしていたのである。ジェントルマンの資格には、もちろん「血統」ということも重視されたのだが、「商業革命」時代になると、そうした「生まれよきジェントルマン《ボーン》」に代わって、「育ちよきジェントルマン《ブレッド》」が重んじられるようになってきた。教養や生活様式がより大きな問題になったのである。「育ちのよさ」は親の経済力の表示でもあるから、この変化は血統が社会的地位を決めるのではなく、広い意味での教育にあらわれる経済力がそれを決めるようになったことを示

●ヴォクソール公園の遊歩道（1751）

している。ダニエル・デフォーといえば、ロンドンの肉屋の息子として生まれ、本来の姓であるフォーをフランス貴族風にデフォーと改姓するほどジェントルマン志向の強かった人物だが、かれのつぎのような言葉は、時代の風潮をよく示している。いわく、商人は「ジェントルマンではないが、ジェントルマン（の地位）を買い取ることができる」と。

ジェントルマンは本質的に農村の住人であり、かれらの文化は例の「狐狩り」ひとつをみても明らかなように、農村的なものであったのに対して、商人の生活基盤はむろん都市にあった。都市が、ジェントルマンを気取る商人・市民がその財力を徹底的に顕示する場となったのは当然である。ロンドンのラニラ公園やヴォクソールの大集会場や遊歩道などは、地方都市のインに付設されたそれらとともに、かれらの自己顕示のための施設だったのである。夢にまでみたラニラ公園を訪れたモリッツ師は、ギャラリーのボックス席から遊歩道を行きかう着飾った貴顕や庶民、老若男女を眺めるだけで時のたつのを忘れた。「あちらには、眺めたり眺められたりしたい人びとが、果てしなく続く曲線の歩道を行きかい、こちらではオーケストラに耳を傾ける人びとがいる。かと思うと、サービス満点の料理に舌づつみを打っている集団もある。しかも、こんな人びとを、ギャラリーのボックス席に坐って、黙って眺めている私のような人もいるのだ。」まことに、それは血統や身分には関係なく、外見の華やかさを競い合う、人にみられる場所だったのである。

当世風結婚

一八世紀ロンドンの庶民生活の諸相を映す絵画を多数残し、当時ようやく成立しはじめた小説類にもしばしば実名で登場するホガースの組絵に、「当世風結婚」というのがある。トラファルガー広場の国立美術館でいつでも見られるこの組絵には、血統はよいが手許不如意の地主の息子と豊かな商人の娘との政略結婚《メザリアンス》がテーマとなっており、男性の代理人である弁護士が地主の家系図をひけらかせば、商人の娘の側では金貨を山のように積んで、その財力を誇示している図柄もある。一八世紀のイギリスでは、大所領の形成にもっとも効果を発揮したのが、このような政略結婚であったことは、近年の経済史の実証研究で確認されている。

●手許不如意の地主の息子と豊かな商人の娘との〈当世風結婚〉(ホガース 1745)

第8章で詳しく扱われるバースやタンブリッジ・ウェルズのような町は、それ自体いわば「大集団見合場」だったのである。

バースに行けば、「比較的僅かな出費で」ジェントルマンの体面が保てるからというので、自己の所領を退役将校クロフトに貸し出してバースに移ったのは、ジェイン・オースティンの小説『説き伏せられて』のヒロインの父サー・ウォルター・エリオットである。ヒロインである娘が、結局裕福な結婚相手を射とめただけに、かれの作戦は成功したといえよう。

エリオット家のように都市に移住し

てしまった家族は別にしても、多くの地主＝ジェントルマンは毎年「社交季節」になると一族を伴ってロンドンか、その他の州都にでかける習慣があった。この「社交季節」の習慣こそは、「ひなびた家父長的な、ときには偏狭でさえある田舎の邸宅での生活と、より上品で、より変化に富んだ都会の応接間での生活とを結びつけ、前者を洗練すると同時に、後者に活力をみなぎらせた」のである。「社交季節」に「都会の雅」を味わったのは、ジェントルマンだけではない。かれのお伴をして都会の空気を吸った侍女や御者にしても、そのことを鼻にさえかけたものである。H・フィールディングの小説『トム・ジョーンズ』に登場するウェストン女史の侍女は、その朋輩より身分が遥かに上だと自負していたのだが、その決定的な理由のひとつは、「ロンドンに行ったことがある」ということであった。「都市ルネサンス」が生み出した都市に固有の生活文化は、工業化前のイギリスにかんするかぎり、農村的なジェントルマン文化と明確に区別はしえたが、決して互いに対立するようなものではなかったのである。

ニュー・タウンの成立

一七、八世紀には、いくつかの新しい都市が誕生したが、こうしたニュー・タウンは旧来の都市以上に時代の特徴を示していたといってよい。当時のニュー・タウンは、バース（ローマ時代の集落が再興されたものだが）に代表される温泉《スパー》・社交都市《タウン》、いまも軍港として知られ、ナポレオンを破ったネルソン提督のヴィクトリ号が「浮かぶ博物館」となっているポーツマスを典型とする造船・軍港都市、およびバーミンガムやマンチェスターのような、いずれ産業革命の中心となってゆく産業都市の三つに分類できる。

温泉で入浴する習慣はローマにもあったが、近代のそれはドイツやオランダから伝わったと考えられる。こうしたスパー・タウンは、ギャンブルや売春が売りものでもあったが、医師を使って温泉の治療効果を宣伝させる知恵者もあり、保養地の性格もしだいに強調されはじめる。イプソム、タンブリッジ・ウェルズ、バクストン、ハンプステッドなどロンドン近郊の鉱泉や少しおくれて発達するスカーバラ、ブライトンのような海水浴の町もほとんど同じ性格をもっていたし、ロンドン市内のラニラやヴォクソールの公園も、公共集会場や遊歩道、レストラン、ファッションの店などスパー・タウンとほとんど同様の施設を備えていた。

ある外国人が、「バースの市民はよそ者のお蔭で生活している」と喝破したように、一七〇〇年でもその人口は三〇〇〇人程度であったが、「社交季節」にはその数倍に達した。もっとも一七四二年には一三六二戸の住居が確認され、定住人口も六〇〇〇人程度に達したと思われる。

「商業革命」は植民地帝国が成立したために起こったのだし、その植民地はまずオランダとの、ついでフランスとの断続的な植民地戦争によって成立したのだから、この時代がイギリス海軍の驚異的な成長を生んだのも当然であった。エリザベス時代くらいまでは、海軍といっても船自体の構造には、海賊にそなえて武装していた商船とあまり差がなかったが、このころからは専用の軍艦が建造されるようになったことから、この種の都市――ポーツマス、プリマス、ハリッジ、チャタム――が急成長を遂げたのである。ポーツマスやプリマスでは、もとからあった都市の郊外に新しい街区が成立、一八世紀前半にはいずれも人口一万を超えた。これらの都市は、単一の国営企業の企業城下町であったから、住民の職業別構成が単純で、国際政治の変化に応じて失業率どころか、人口そのものまでが激動した。

ニュー・タウンで将来のもっとも華々しい発展を約束されたのは、むろん産業都市である。一七〇〇年にはまだ、鉄工業都市バーミンガムや新興の港町リヴァプールでも人口七〇〇〇～八〇〇〇人、のちの「コットン・ポリス」マンチェスターや毛織物業のリーズはもっと小規模であった。もっとも、産業革命期に有力な工業都市となるところは、ほとんどこのころには都市的な集落として出そろっている。マンチェスター周辺などに、工場経営者が自ら建設し、マンチェスターの衛星都市のようになってゆく一群の都市だけが例外ということになろう。

誰がつくるのか

ニュー・タウンは誰かが意識的につくった都市、いわゆる建設都市であることが多い。とすれば、一七、八世紀にこれらの都市をつくったのは誰か。

アイルランドに面した北西海岸のホワイトヘヴンといえば、石炭業と貿易で知られた産業都市であったが、ここはもともとこの地方一帯の大地主であったロウザー家が、自ら経済上の利潤とジェントルマンとしての威信の高揚をねらって、積極的に開発したものである。エリザベス時代の記録では「ただの海辺の寒村」で、漁船一隻、民家六戸とあるこの地方だが、一六二〇年に石炭採掘がはじまると人がふえはじめる。ピューリタン革命中に地主が率先して市場をひらく権利を獲得し、一六八〇年には一三二戸、八〇〇人くらいの市場町となった。世紀末からは海外貿易さえはじまり、一七一三年には人口四〇〇〇人をかぞえた。このような急成長が、ほとんどもっぱらロウザー家の強力なイニシャティヴのもとに展開されたことが、この町の特徴である。ロウザー家の努力の跡は、この町の地図を見れば一目瞭然である。

旧集落である南西部は、あまり均整がとれず、ゴタゴタしているのに対し、それ以外の市域はじつに整然とした都市計画をもっているのである。一六九〇年代の当主サー・ジョンは、街路を整備し、ふつうの通りを幅一〇ヤード、町を東西に横切っているロウザー通りは一六ヤードとしたほか、各戸はすべて後庭をもつように設計させた。各戸の戸口、窓、その他の色やデザイン、材質をも統制し、従わない市民に対しては訴訟まで起こしたというから、その熱のいれ方はひととおりではなかった。

人口がふえるにつれて手狭になった礼拝堂を廃し、資金を出して新教会を建設したのもかれなら、この礼拝堂の資材で学校をつくらせたのもかれである。ロウザー家の狙いのひとつが、炭鉱の開発と石炭積出し港としての町づくりにあったとしても、都市の美観への配慮や市場、学校、教会のような公共施設建設の熱意はそれだけでは説明できない。それは、支配階級としてのジェントルマンがつねに抱いてきた、領内の民衆の保護者としての自負が、この見事な町づくりに反映されているというべきであろう。

スパー・タウンの代表格はバースであったが、ロンドンからこの町までは、一八世紀中ごろでも馬車で三日もかかった。だから、ロンドンの近郊にバースを模倣した鉱泉都市が次々とつくられたのも当然である。一六〇六年に鉱泉《ウェル》が発見されたタンブリッジ・ウェルズは、荘園《マナー》の共有地という開発には最悪の条件のもとにあった。土地に慣習的な権利をもつ人間が多すぎたのである。しかし、一六八二年になって共有権者たちが、ロンドンの開発業者に権利を売り渡してからは、急に開発がすすむ。業者は遊歩道をつくり、南から西にむかう二本の地条を売店、旅館、集会場などに貸し出したが、その際、屋根にスレートとタイルを用いることを強制し、建物の高さも厳しく制限した。それは観光都市としての景観維持のための最小限の努力であったともいえようが、その他の地域では、この町の開発は二、三戸ずつの零細な開発業者によってアトランダムにすすめられ、資金のほとんどはロンドンからもたらされた。成功した商人が郊外に邸宅を構えたのと同じロンドン人の農村への憧れを利用した、レジャー産業の場としてこの町は成立したのである。

一八世紀はじめにポーツマスを訪れたデフォーは、本来のポーツマス市も繁栄しているが、その郊外にニュー・タウン（ポートシー）が成立して「人口でも建物の豪華さでも」旧市を圧倒しかねない勢いだと評している。このポートシー地区も、地図のうえでは整然とした町並みをもっているが、これはもとの荘園《マナー》の地条に沿って家が建てられたからにすぎず、ここにも多数の地主がいたために、統一的な都市計画はなく、大工、石工、レンガ工、車大工、船大工など、自宅のほかに一、二軒の家を建てて移り住んできた零細な投機者によって開発された、乱開発の見本のような町である。公共施設はまったくつくられず、一七五〇年代まではでは礼拝堂はあっても、教会はなかったし、一八世紀はじめの二〇年間に三〇〇戸以上が建設されたのに市場すらなく、六マイル離れた旧市街のそれを利用するしかない状況であった。

しかし、一七、八世紀でも最大の都市建設はロンドンでなされた。ここでも、豊かな商人が住んだウェスト・エンドはもとより、貧民街となったイースト・エンドでさえ、この時代には「美観」にいくらか配慮が払われたふしもある。一六世紀のまったく無計画な開発に比べて、一七世紀には地主のリーダーシップが目立つようになり、大規模な開発がなされたために、フランスから亡命してきたユグノーの定住地スピタルフィールズのように、均質な建物が建てられるところがふえたのである。むろん、そのような住宅にしても、ふつうは四室くらいで、三室以下のものもあったから、スラムの住宅には違いなかったのだが、それでも、かなり組織的な開発がおこなわれただけに、当時の一論者はイースト・エンドを、「人間も富も集まる大都会」と称したほどである。

来る人・去る人

都市には多くの人間が流れ込んだ。ある者は訴訟のため、またある者は政治活動のために都会にきた。観光や商用で一時的にやってきた者もある。しかし、そこに住むつもりでやってきた人も少なくない。一時金を支払って親方のもとに徒弟修業にきた若者もあれば、そんなあてもなく、ただ都会にゆけば何とかなるかもしれないと思って流れてきた浮浪者、貧民もあった。大都会、とりわけロンドンは死亡率が高かったので、大量の流入民がなければ、人口を維持することも難しかった。じっさい、一八世紀前半のロンドンには、年々五〇〇〇ないし一万人が流入したと思われる。農村に比べてロンドンには、異常に大人が多かったのもこのためである。一七世紀末のロンドンには総人口の一割が住んでいたことはすでにのべたが、成人だけをとると七人に一人はロンドンにいたことになる。

ロンドンや「西部の首都」と謳われたブリストルのような大都市では、有力な商・工業の親方の徒弟にはいるためには、ときとして莫大な一時金が必要であった。一八世紀の『就職案内』によれば、貿易商などでは数百ポンドもしたのだが、たいていの職種ではロンドンでの修業が高く評価されたから、かれらの将来はそれなりに希望に満ちたものであった。ロンドンで徒弟になった人びとの出身地をみると、市内出身者は五分の一程度しかなく、ほとんど全国に及んでいるのもこのためである。商人や銀行家の場合、とくに身体強健で教育程度の高い北部出身の青年を歓迎した、といわれる。ブリストルやノリッジでは、徒弟徴募の範囲はよほど狭くなっており、先に都会に出て成功している親類縁者を頼ってゆく傾向が強かったことがわかっている。

しかし、弁護士の資格を得るために高等法学院に入学するとか、商人や手工業の親方をめざして徒弟にはいるとかのために大都会に来た人びとに比べると、ただ「食わんがため」に流れてきた貧民たちははるかに遠方からきたことが知られている。労働者としても都会育ちの若者がなまけ者で、性質《たち》が悪いというので評判が悪かったから、地方出身者の方が歓迎されたということもある。一七六〇年にロンドンから西南部のプリマスへ旅行したイタリア人も「ロンドンでは下層民には無秩序と泥酔と盗癖とがまんえんしているが、田舎へ行けば行くほど扱いやすくなる」と観察している。職を得るために一度郊外に出て、馬車にのり、田舎者を装って職業紹介所でもあった「イン」に現われるロンドン児が少なくなかったともいわれる。

ロンドンなどの大都会では、貧民の流入を阻止するための「定住法」の効果が薄かったために、貧民の巣と化したのである。盲人その他の障害者も、生きるためにロンドンをめざした。理由は必ずしも明らかでないが、寡婦も大都会に多く、ロンドンでは農村の二倍近い比率になっていた。

一方、都会から出てゆく者もなかったわけではない。両親に扶養能力がなくて教区の世話になっていた徒弟は、なるべく市外の職場に送り出された。産業革命期の少年労働の悲惨さを示す史料としてよく引き合いに出される『ロバート・ブリンコウ回想録』の主人公も、ロンドンはセント・パンクラスの授産所で孤児として育てられ、七歳にして中部地方のノッティンガムシャーの工場に送られた。ロンドンでは生活のかてが得られず、カリブ海の西インド諸島や北アメリカへ渡ったり、東インド会社軍の兵卒に志願する者もあった。新世界に渡った人びとの多くは、渡航費を負担してもらうかわりに、数年間を債務奴隷に近い立場で強制労役に従う「契約労働者」となった。都市に出ても、成功して故郷に錦を飾ることは容易ではなかったのである。

都市の貧民

大都市の住民は、貴族やジェントリ、医師や法律家のような専門職の人びと、外国人亡命者などを別にすれば、四つの階層からなっていた。親方層と、徒弟修業は終えたものの親方に雇われているジャーニーマンとよばれた熟練職人、未熟練労働者、さらに下層の浮浪者や乞食およびそれと区別のつかない日傭い労働者とである。しかし、熟練職人と未熟練労働者以

●タイバーン処刑場に集まった群衆（ホガース　1749）

下の者との区別はとくに重要で、後者は当時の言葉では「貧民」とか「暴徒」とかよばれた人びとである。いまは日曜ごとに素人政論家が演説をぶつスピーカーズ・コーナーとして知られるハイド・パークの東北隅あたりに、かつてはタイバーン処刑場があったのだが、処刑場に集まった群衆がホガースその他によってしばしば描かれている。この群衆こそ、ここにいう「貧民《ザ・プーア》」の姿である。一七六五年にロンドンを訪れた一外国人も「ロンドンでは、ポーター、船員、カゴかき、その他街路で働く日傭いの人間とそれ以外の人びととを一目で区別できる。前者は、どんな貧相な店の店主ともはっきり差のある連中だ」という。

もっとも、どの階層の人が何人くらいいたのかはよくわからないし、熟練職人と一般労働者の区別も、じっさいにはそれほど明らかではなかった。たとえば、醸造業や染料製造業、タバコ加工業、精糖業、石けん製造業のような、比較的新しい大資本を動かす産業では、徒弟修業を終えた熟練職人はいなかったが、その労働者はトップ・レヴェルの高給とりであった。小売店主というのも、古鉄商やロウソク屋、牛の臓物屋、ミルク屋——牛舎の脇に売台を備えた店もあるが、ふつうは乳牛をつれて売り歩いた——などは、じっさいのところ未熟練労働者や日傭い人夫に近かった。煙突掃除人のように、それなりの徒弟修業もやり、「親方」もいたが、全体に乞食と同一視されている人びともあった。

女性はどうか。一八世紀にロンドンを訪れた外国人は異口同音に、イギリスでは「主婦が働かない」と主張している。「庶民のあいだでは、妻を働かせる夫は滅多にいない」、「イギリスの女はなまけ者で、最下層の女でさえ針仕事をしない」等々。しかし、これも現実には、日傭い労働者の妻は魚介類や果物の行商をしていたし、熟練職人の妻でさえ、小さな売店をかまえるか、洗たくや針仕事をして稼いだのである。しかも、こうした仕事は「苦役《スウエティング・》制度《システム》」として歴史にその悪名を残しているほど、苛酷な条件のもとでなされてもいたのだ。ときの首相ノースが提案した「ぜいたく税」の対象に「男召使い」があげられているように、男の召使いが減って、若い娘がその代わりをつとめるようになりはじめたのもこの時代である。外国人の目に彼女たちが「怠惰」と映ったのは、イギリスの大都市ではもはや糸紡ぎや機織り、パン焼き、エール醸造、ロウソクづくりなどが家庭内ではなされず、「店で買う」習慣になっていたことを示しているのであろう。ロンドンのような都会では、コーヒーハウスや呑み屋《タヴァーン》、小料理屋、屋台などが十分発達していて、外食生活さえ不可能ではなかったのである。

2　家庭と消費生活

毎朝満員電車にゆられて足速やに職場へ向かうサラリーマン。職場での仕事がすんで、夕方家に帰ると、奥さんが夕食をこしらえて子供たちと、父親の帰りを待っている。今日どこにでもみられるこんな小市民的都市サラリーマンの日常生活は、いったいいつごろから始まったのであろうか。振り返ってみれば、それは決して古い話ではない。産業革命以来ほんの一〇〇年ほどの歴史をもっているにすぎない。核家族を中心とした平和な家庭生活、それこそまさに産業革命が生み出した社会的実像である。

家族が男女の結婚によって生まれる同族を中心として形成されるかぎり、その起源は原始社会に遡る。しかし家族の生活形態は、生産力の発展とともに変化してきたことはいうまでもない。大きな歴史の流れからいえば、農業中心の農村共同体のなかでの大家族中心の家族生活から、商工業中心の都市における核家族的家庭生活への変化、その農業社会から産業社会への移行を画期づけたのは産業革命にほかならなかった。

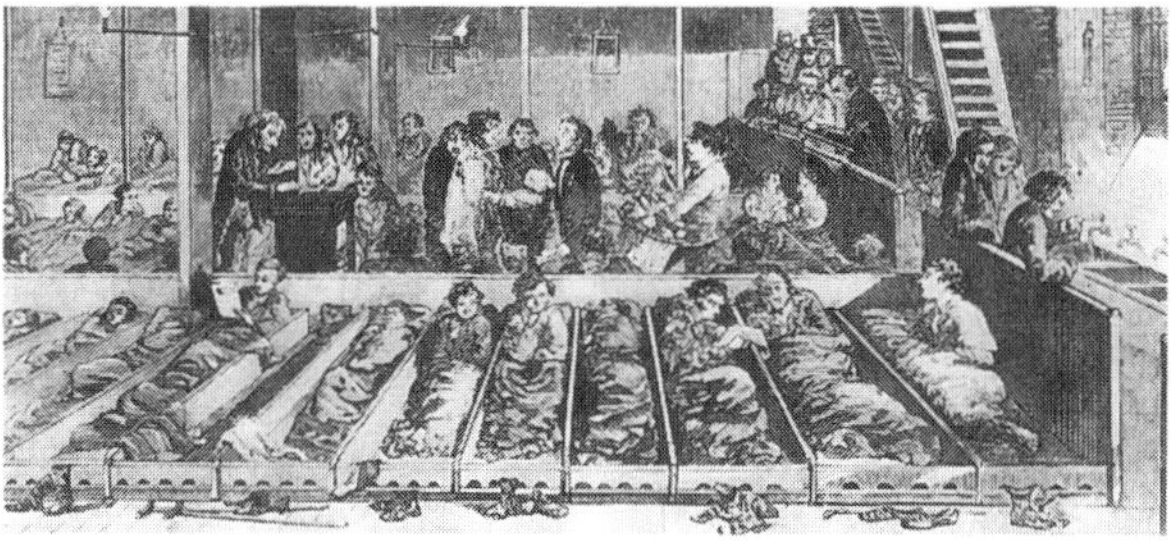

●ロンドンの救貧所（1859）

どん底の都市生活

イギリスの経済と社会に一大変革をもたらした産業革命に、暗い未来を予感したのはトーマス・カーライルであった。保守的とはいえ、社会評論に健筆をふるったトーマス・カーライルは『過去と現在』（一八四三）のなかで、一八四〇年ごろのイギリスをつぎのように観察していた。

「イギリスは富に満ち、さまざまの生産物に充ち、人間のあらゆる種類の欲求を充たすべきものに満ちている。にもかかわらず、イギリスは栄養不良で死にかかっている。昔と変らぬ豊かさで、イギリス国土は栄華爛漫と繁栄している。稔った穀物は黄金色に波打ち、工場は櫛比《しっぴ》し、産業機械は数知れず、歴史始まって以来の器用で勤勉な労働者が一五〇〇万もいる。」ところが、「これら成功した熟練労働者のうち、約二〇〇万が授産所《ワークハウス》、つまり救貧法による牢獄に坐っているか、さもなければ塀越しの「院外救恤《きゅうじゅつ》」をうけている。まさに授産所という名のバスティーユは、張り裂けんばかりの満員である。……その他何十万という貧民はまだ授産所にさえありつけない有様である。勤勉なスコットランドにおいてさえ、グラスゴーやエディンバラの暗い小路には、誰の眼にもふれない災禍と貧窮と荒寥が広がっている。それは恐らく人間生活のなかで、もっとも野蛮な地方においてさえ見られなかったほどのひどい光景である。」イギリスは産業で成功し、満ち溢れる富を手に入れたのに、「この富はいまだに何人をも富ましめていないのだ」とカーライルは慨嘆していた。

一八四〇年代は俗に「飢餓の四〇年代」ともいわれるが、労働者の窮乏と社会不安はあいつぐ恐慌とアイルランドの大飢饉によっていっそう深刻化した。フリードリッヒ・エンゲルスはそうした労働者階級の窮乏状態を詳細に調査分析した結果、産業革命がもたらした資本主義の矛盾はプロレタリアの革命による以外に解決の方法がないことを確信したのであった。

一八四七年マルクス、エンゲルスが予言し期待した恐慌がイギリスを襲い、ついで窮乏化したプロレタリアの反社会権力への昂揚は、翌四八年五月第三回チャーティスト運動としてかつてない規模に燃え上がった。しかしマルクスの期待に反して革命劇は一場の茶番劇に終ってしまった。マルクスを失望させたのは労働運動の挫折だけではなかった。景気は不況を脱し、いまや産業革命の巨大な生産力とインドの植民地支配は人びとの生活を向上させつつあった。

ロンドン万国博と明るい未来

一八五〇年代になると、イギリス人の生活は暗いトンネルを抜け出たようにパッと明るくなる。五一年ロンドンで開かれた第一回万国博覧会は、蓋をあけてみると、連日押すな押すなの大賑わいで、五月一日から十月十一日の会期中の入場者は六〇〇万人を超えるという大盛況であった。会期最後の火曜日には、狭い会場の水晶宮に一〇万人がひしめくという混乱ぶりであった。今日世界最大の旅行業者としてその名を知られるトーマス・クックが、団体割引旅行を企画し、農村から多数の観光客を鉄道で会場へ送り込んだのもこのときである。わずか三年前の四八年、数万の労働者が同じロンドンで、あわや革命かと思われた一大デモを繰りひろげたのも、いまとなってみればまったく夢のようであった。過激な労働者もいまやすっかりおとなしい大衆に変貌し、博覧会を楽しんだ。万国博はまさに時代の転換を画期づけるのにふさわしいお祭りであった。

時代の転換をもっとも明瞭に示していたのが、一八五一年一月に現われた『エコノミスト』の論調であった。産業革命が過去五〇年、いかにイギリス人の生活を、分けへだてなく

●1851年のロンドン万国博覧会。会期中の入場者は600万人を超える盛況ぶりであった

すべての階級にわたって豊かにしてきたかについて、数字をあげてその成果を謳歌した。たとえば食糧品のうち、肉は今世紀の初めには一ストーン（重量）が五シリング八ペンスしたのに、今日では三シリング四ペンスへ下落したし、一八世紀末にはライ麦や大麦のパンは、イングランドのどこにおいても高価なものであったのに、いまやライ麦パンはイギリス人の七分の一が食べているだけであり、貧民階級の間でも小麦粉のパンがほとんど常食になっている。またコーヒー、ティー、砂糖の消費もいちじるしく増加した。コーヒーの消費はとくに顕著で、一八〇一年には一人当たり、一オンス1/10であったのに対し、一八四九年には一ポンド3/4へと大幅に増加、またティーはその間一人当たり一九オンスから二三オンスへ、砂糖は一八〇一年に二二ポンド1/2、一八二一年には糖価高騰のため一五ポンドに落ち込んだが、その後関税引下げで価格が下落したため一八四九年には再び一人当たり二四ポンドに増加した。食生活のみならず一般に生活が豊かになったのは、過去五〇年間、物価が大幅に下落したためで、たとえばコーヒーは一カラット二〇〇シリングから一一七シリングへ、ティーは一ポンド（重量）五シリングから三シリング四ペンスへ、砂糖は一カラット八〇シリングから四一シリングへ、また二八ヤードのキャラコ一巻の値段は一八四一年の二八シリングから一八四八年にはじつに五シリングに下がったのである、と『エコノミスト』はイギリス経済発展の成果を誇示していた。

しかもこうした富の増加と物質文明の成果は、たんに富者だけがその利益に与ったのではなく、貧しいものも含めた社会のすべての階級が変化の恩恵に浴したことを強調していた。もちろん一部の労働者の賃金はたしかに下落したが、工場の労働時間は成人で一週七四時間から六〇時間へ短縮されたばかりか、いまや土曜日半日労働へ向かって着実に努力が重ねられていた。鉄道の発達によって地方に住むものでもいまにみんな死ぬまでにはロンドンにゆけることになるであろう。現に一週間の休暇をとって格安旅行でマンチェスターを離れたものの数は、一八四八年には一一万六〇〇〇人であったが、昨年の五〇年には二〇万人を超えるありさまである。「こうしたちょうど過ぎ去った半世紀の異常な進歩のあとをほんの少し振り返るだけでも、われわれは将来まだまだ多くの驚異的なことが起こるだろうことを確信する」(『エコノミスト』一八五一年一月四日)と明るい未来像を描いていた。

一八四〇年代はカーライルやマルクス、エンゲルスの暗い未来論が支配的であったとすれば、いまや五〇年代になると明るい未来論へと歴史の流れは大きく変った。三〇年代、四〇年代にあれほど昂揚した労働運動もすっかりおとなしくなった。五一年の合同機械工組合の結成と翌五二年の労使紛争、五二、五三年にはロンドンの造船労働者、マンチェスターの警察官、ロンドンのタクシー運転手など多くのストライキが起こったが、全体としてみれば、一八六七年までは大きな紛争はなく、長期にわたって労使間の平和が続いた。

しかも合同機械工組合は労使間の問題をストライキの方法によってではなく、なるべく話し合いによって解決するという穏健な紳士的行動様式を確立し、熟練工の賃金引上げに成功した。建築業など他の部門でも全国的クラフト・ユニオンが結成されたが、いずれも合同機械工組合にならって穏健な行動様式を採用し、熟練工の賃金所得の増加をもたらした。こうして熟練労働者を中心に労働者一般の賃金所得が、とくに一八五〇年代後半以降上昇したことは確かである。いま一八五〇年を一〇〇として平均貨幣賃金の上昇をみてみると、一八六〇年一一四、一八六五年一二六、一八七〇年一三三、一八七三年一五五、実質賃金も一八五〇年を一〇〇とすると、それぞれ一〇五、一二〇、一一八、一三二へと着実に増加していたことが分かる（ミッチェル、ディーン編『イギリス歴史統計抄録』より）。所得の上昇とともに、労働者の生活は急速に改善され、労働者は永久に貧困な生活を強いられるという観念も事実によって崩れてゆく。サミュエル・スマイルズが『自助論』を出版したのはまさに労働者の生活水準が向上しつつあった一八五九年。それがたちまちベストセラーになったのも、労働者や貧しいものも刻苦精励、勤勉に仕事に励めば、成功して中産階級の仲間入りができるという社会的状況があったからである。

こうしてヴィクトリア朝の黄金時代が訪れる。それは活気に充ちた都市新興中産階級の時代でもあった。旧来の地主貴族階級は、新興成金のブルジョワや熟練労働者、銀行マン、ビジネスマンらのはでな物質的生活態度を、「スノバリ」とよんで軽蔑した。しかしかれらは新しい都市生活文化の開拓者であり、産業社会のリーダーシップを握っていた。たしかに産業革命以前にも都市生活はあった。しかし一八世紀の生活の場は基本的には都市ではなく農村にあった。それがいまや農村から都市に移ったことは明らかである。

家庭は城

人びとの生活の場が、農村から都市へ移ったとき、生活の単位は相互に孤立した家族を中心に営まれねばならなかった。たしかに農村共同体が暮らしの場であったときでも、個々の家族が共同体を構成していた以上、具体的な生活の単位は家族＝家庭であった。しかし産業革命以前の家庭は、共同体の組織を前提にして存在するものであり、共同体を離れた生活はありえなかった。しかも家庭は生産、消費、教育、福祉、政治、社会行動の最小単位であり、そうした社会的諸機能が家庭のなかに統合されていた。このことはたとえば産業革命以前に支配的であった家内工業を想像すればよい。すなわち家内工業においては家庭内に職場があり、そこでは家長を中心として妻や子供、ときには使用人がともに働いていた。いわゆる職住一致である。また農村工業として広く営まれていた毛織物工業においても、その毛織物の生産技術、つまり糸の紡ぎ方、織り方、縮絨の方法なども、それが家庭内でおこなわれるかぎり、その技術は父から息子へ、母親から娘へと伝承されていた。

ところが産業革命は人口を農村から都市へ移動させた。その結果、こうした農村共同体的家庭の構造は根本的な変革を余儀なくされた。決定的なことは、家庭から生産機能を奪ったことである。すなわち生産や仕事の場がいまや家庭から分離された工場やオフィスに移ったということ、そのために家族は消費を中心とした生活の場になったということである。

しかし農村共同体を離れた家庭が、もっぱら消費生活の場となったといっても、衣食住はもとより燃料から飲料水にいたるまですべての生活必需品は、職場で稼ぐ賃金収入に依存せねばならなかった。労働者にとって、乏しい賃金収入では満足な生活を営むことができなかったことはいうまでもない。労働者といっても必ずしも男子を意味しなかった。初期の綿工場ではむしろ婦人や子供が低賃金労働者として多く雇用された。ときには男が失業して家に残り、妻と子供が職場にゆくという倒錯した家庭も珍しくなかったが、ともかく家族全員が働かねば暮らしてゆけないのが、都市労働者の実状であった。

エンゲルスは、『イギリスにおける労働階級の状態』(一八四五)のなかで妻はもとより幼い子供まで文字どおり一家をあげて働かねばならなかった産業革命期の労働者家庭が、いかに崩壊状態にあったかをヴィヴィッドに描いている。妻が工場に働きに出れば家庭はどのように崩壊してゆくか。「その子供の面倒をみる暇もない母親、つまりその子供と会うこともなかなかできない母親は、この子供たちにとって母親ではありえない。彼女たちは子供をなげやりにし、わが子を他人のように、愛もなく思いやりももたずに取扱うことになる。こうした環境に育った子供たちは、年をへると家族とは縁もゆかりもなくなって、自分で家庭をつくってもその中で暖かな雰囲気を感じない。それはかれらが独りぼっちの生活しか知らないからである。それがまた、そうでなくてもすでに労働者の間に広くゆきわたっている家庭の崩壊を促進するのである。」妻が家庭から離れたために起こる悲劇以上のものが、子供の労働によってもひき起こされた。「かれらは両親に食わせてもらうよりも多くを稼ぐようになると、両親に一定の額を食費と部屋代として支払い、残りを自分のために使いはじめる。ひと言でいえば、子供たちは自由に放任されており、両親の家を下宿屋だと思っている」というわけで、家族が一つの屋根の下に住んでいても、事実上銘々バラバラに分解していたといってよい。こうして社会生活にドラスチックな変化をもたらした産業革命が、賃金労働者の生活を悲惨のどん底に陥れ、家庭の崩壊をもたらしたのも過渡的現象としてやむをえなかったであろう。

しかしこうしたシュトゥルム・ウント・ドラング（疾風怒濤）時代を過ぎ、一定の所得水準の上に、都市生活が新しい時代の生活様式として定着するに到ったヴィクトリア中期になると、家庭生活はどうあるべきかという生活の思想が求められるようになる。家庭とは何であるのか――こうした問いかけが現われたのは、長い人間の生活史のなかで、じつは初めてのことである。

近代市民社会はしばしば自由な個人を構成単位とする社会として考えられてきた。たしかに抽象的に表現すればそうであるかもしれないが、市民社会を現実に構成した単位は、家庭＝世帯 household である。そして家庭の問題は、近代市民社会が都市の核家族を単位として成立したときに、はじめて直面した問題なのである。

家庭とは何かという問題は、当時の多くの小説家や評論家たちがとり組んだテーマであった。そのうちの一人、ジョン・ラスキンによれば、男性たるものひとたび世間に出れば、七人の敵に対峙しなければならない。ときには失敗や過ちを犯すのは世のならいである。だから男はそうした危険や誘惑、過誤、罪科から安全な避難所を必要とする。その避難所が家庭であるというのが、ジョン・ラスキンの家庭観である。「家庭は「平安」の場所であり、すべての危害からだけではなく、すべての恐怖・疑懼《ぎく》・分裂からの避難所である」(『ごまとゆり』木村正身訳)とかれはいう。そして家庭をそうした男性の安らぎの場として整える責務を担っているのが女性であるというわけである。このラスキンの家庭が避難所であるという家庭観は、都市中産階級の家庭観を代表していたと考えてよいであろう。

ビートン夫人の『家政読本』

産業革命は従来一体であった生産と消費を分離させた点で画期的な意味をもっていたが、これまでの産業革命像は主として生産に焦点をあてて、綿工業、鉄工業、鉄道、機械工業の発展、労働者の労働条件・賃金、労働組合運動など生産と職場の問題を取扱ってきた。新しい機械体系の出現と未曾有の生産力の発展がこの時代を特徴づけるものである以上、研究の焦点が生産面に集まったのは当然のことである。しかし生産面におけるほど華々しい変化があったとはいえないにしても、消費生活とりわけ消費の場としての家庭のあり方に、地味ではあるが大きな変化が起こりつつあったことはあまり注目されていない。

一八六一年に出版され、たちまちベストセラーとなり今日にいたるまで何回も改訂を重ね、英語圏で広く利用されている本にイサベラ・ビートン夫人の『料理百科』がある。元来、本書は『家政読本』(*Book of Household Management*, 1861) と題して、中産家庭の主婦のために家政の心得を説くべく出版されたものである。一八五九年に出版された、かのサミュエル・スマイルズの『自助論』が、家庭の外で働く男性のために、金儲けや立身出世、人生の成功の仕方や人間の生き方などを説いた、産業革命がつくり出した都市型小市民のための人生論として爆発的な人気を博したのに対し、ビートン夫人の『家政読本』は男性の「避難

●イサベラ・ビートン夫人

●『家政読本』(1861)

所」である家庭をあずかる主婦のための心得書として、これまた静かなブームをよんだのであった。この二つの書物がほぼ同時に出版され、ともにベストセラーになったことは、生産と消費の分離に伴う男女の役割分担の社会的認識が一般に受け入れられる事情にあったことを示している。それは人びとの生活スタイルが、家族全員が何らかの形で生産に従事した農村型生活から、世帯主である男性一人の収入によって家族の生活が支えられる都市サラリーマン型生活へ移ったこと、しかも新しい生活価値観、倫理観がどうあるべきかについての強い社会的要請があったことを示しているといってよい。

明治維新によって日本が近代化にのり出すや、スマイルズの『自助論』が明治四年、中村正直の名訳で『西国立志篇』として出版され、明治時代の青年をおおいに鼓舞したことは有名である。しかしビートン夫人の著書についても早くも明治九年、穂積清軒の訳で『家内心得草、一名保家法』(青山堂発兌) と題して出版されたのであった。このことはあまり知られていない。穂積清軒は幕末・維新期の蘭学者で、のち洋学塾好問社や女子教育所を設立した、わが国女子教育の草分けの一人である。かれは本書の「訳者緒言」でつぎのようにのべていた。

人世ノ道、夫ハ外ニ出テ其産業ヲ営ミ妻ハ内ニ居テ家事ヲ治メ夫妻相扶ケ内外相依リ以テ一家生産ノ事ヲ全ウスルナリ、故ニ内ヲ治ムルノ方宜シカラサレバ外ニ在ル者如何ニ其業ヲ勉ムルモ竟ニ生産ノ事ヲ全ウスル能ハス、是レ一家ノ主婦タル人其責重クシテ決シテ其職分ヲ軽忽ニ思フヘカラサル所以ナリ、今此書ノ要全ク其職分ヲ知ラシムルニ在リ

とし、近代市民社会における男女の役割分担と家庭における主婦の内助の功がいかに大切であるかに注意を促していた。しかし日本ではスマイルズは広く受け入れられたにもかかわらず、ビートン夫人の『家内心得草』は生活様式の違いと都市中産階級の未成熟のために、明治初期の婦人の間では急速に普及するに到らなかった。

ところで、ビートン夫人の『家政読本』は元来主婦は家庭にあって家事を整え、健康な家庭づくりの責任を負っているとの立場から、家事労働の心得と料理法に力点をおいたものである。しかし料理法の部分が全体のほぼ九〇パーセントを占めていたことは注目に値する。

家事労働については、主婦は主人を晩は早く床につかせ、朝は早く起きる早寝早起で健康を管理しなければならない、といった注意から始まって、子供のしつけ方、召使いの使い方、

家の買い方借り方、家具の選び方、壁紙の選び方、近所との交際法（たとえば近所の人と初めてつきあうときは、初めに紹介状を名刺とともに封筒に入れて家の前においてくること……）などが、こと細かに書かれている。つまり都市の生活は誰にとってもまったく新しい生活体験で、まだ生活習慣が確立していない状況のなかで、誰もが欲していたことは安心して頼れる日常生活の手引き・心得であった。その意味でビートン夫人の『家政読本』は、都市新興市民階級に新しい都市生活の暮らしの心得を示したものといってよい。

しかしビートン夫人がもっとも重要視したのは、家庭の料理における主婦の責任であった。『家政読本』初版の「序文」には、主婦のつくる料理が家事のなかでいかに大きな部分を占めているかを強調してつぎのようにのべていた。

……私がいつも思うのに、家庭の主婦の不味《まず》い料理とだらしない主婦の作法ほど、家族の不満をもたらすものはない。男性方はいまや家庭の外で――たとえばクラブとか、設備の整った居酒屋や食堂で、じつによくゆき届いたサービスをうけているので、こうした場所の誘惑と競争するためには、家庭の主婦は快適な家庭をつくり維持するための技術にたけていなければならないばかりでなく、料理の理論と実際について充分の知識をもっていなければならない。

というわけである。こうして彼女は料理法を多数紹介するとともに、それらについて献立の費用、量、調理時間について初めて計量的な試みをした。それまでイギリスに料理の本がなかったわけではなく、アレキス・ソワイエのような料理の専門家が書いた『現代の家庭婦人』（一八四九）とか『庶民のための一シリング料理法』（一八五五）などは料理の本の古典として有名である。しかし女流ジャーナリストで、料理献立に関してはまったくの素人であったビートン夫人の著書が、むしろ中産階級の主婦のバイブルとなり、ミセス・ビートンといえば「料理の本」といわれるほど、広くその名を知られるにいたった。こうしてイギリスの食生活史のなかで、初めて料理が登場することになった。それまでは一八世紀中ごろ以来フランス料理の影響をうけた貴族階級を別にすれば、庶民には食生活はあったが、料理といえるものはなかったのである。

都市の生活と主婦の役割

一九世紀は二〇年代から中産階級の主婦を対象とした家庭経済の手引きが出版され始める。

●深夜まで働く女性たち

早いところでは、W・パークスの『家庭における義務、若い主婦への家政に関する指針』（一八二五）とか、『一年を一五〇ポンドないし二〇〇ポンドで優雅に暮らす方法』（第六版、一八三二）といった家政に関する本があいついで現われた。しかしいずれも年収が三〇〇ポンドぐらいあった富裕な銀行マンや商人などの家庭を対象としたもので、ふつうちょっとした商人なら年収はせいぜい一五〇ポンド、召使いを一人年六ポンドで雇うのが精一杯といったところであった。「年収三〇〇ポンド」というエリザ・クックの詩が当時流行していたことからも分かるように、召使いを三人もち、夜には盛装してオペラに通う優雅な生活を送るには三〇〇ポンドの年収が必要であったし、下層中産階級の生活の目標もそこにあった。こうした年収三〇〇ポンドクラスの家庭では、主婦のもっとも重要な仕事は召使いをいかに訓練し、かれらをいかに上手に使うかという点にあった。

しかし年収一〇〇ポンド以下の勤労者の家庭ではそうはいかなかった。一八五〇年以前の生活水準が低かった時代はいうまでもないが、五〇年以後の経済成長期にあっても、たとえば一八五七年ランカシャーや陶業地帯では既婚婦人の三〇パーセントは働く婦人であったといわれる。マーガレット・ヒューイットの『ヴィクトリア時代の工業における主婦たち』(一九五八)によれば、彼女たちは仕事と家事のかけもちで、休む暇もない忙しさであった。

朝仕事に出かける前に、赤ん坊に着物を着せ、授乳して託児所へ送るのに半時間、出かける前の家事の雑用に一時間、工場まで徒歩約三〇分、ついで工場内での実働一二時間、三度の食事に一時間半、夜、帰宅にかかる時間が徒歩約三〇分、さらに帰宅してからの家事、就寝の準備に一時間半、——こうしてみると一日二四時間のうち残るのはわずか六時間半、この時間が睡眠や娯楽や友だちの訪問にあてられる時間である。日の短い冬の季節には、工場への往復にそれぞれ三〇分よけい時間がかかるのである。

恐らく働く婦人の実態はこのようなものであったにちがいない。けれども都市小市民型の生活スタイルが定着しつつあったヴィクトリア中期にあっては、こうした働く婦人の立場は否定されるか、ときには非難の対象になったのである。婦人は家庭生活の要の石《キーストーン》である。既婚婦人は家庭において、子供を育て、家のなかを清潔に整え、仕事から疲れて帰る夫のために暖かい夕食を用意することが、まさに主婦の義務であるとされたのである。女性は職場から家庭にかえることが、家庭の幸福であるとするブルジョワ的考え方が、こうしてしだいに一般に受け入れられるようになる。

マルクス、エンゲルスは家族をブルジョワ的保守的制度として攻撃したにもかかわらず、ドイツのマルクス主義者アウグスト・ベーベルは家庭生活は人間にとってきわめて大切で、とくに主婦が家庭にいることが家庭生活を支える基本的事柄であると主張したことは注目してよい。かれによれば、婦人労働が拡大すれば、労働者階級の家庭生活はバラバラに分解し、その必然的結果として結婚と家族は解体し、不道徳、退廃、堕落、さまざまな病弊、子供の死亡が恐ろしい勢いで増加する。だから大切なことは、チープ・レイバーとして雇用されている婦人を搾取から解放し、家庭にかえすことであるという。かれは家族を社会主義社会における基本的ユニットであり、かつ充実した生活の核心であると見ていたことは、ヴィクトリア時代の都市小ブルジョワ的家庭観が、いかに社会主義者のなかにまで浸透していたかを示すものとして興味深い。

家事のなかでも料理が大切

家事は主婦の仕事であるという通念が一般に承認されると、家のなかで掃除、洗濯、育児などの家事をする男はダメオヤジだとみなされるようになる。職場から解放された時間は男の自由になる時間で、家事を手伝うための時間ではなかった。といって、夫が職場からの帰途クラブやバーで飲んだり遊んだりしても責められるのは婦人の方で、家庭が面白くないから外部の娯楽や誘惑に走るのだと考えられていた。この点に関しては、中産階級も労働者階級も同じであった。というよりか、中産階級の倫理が労働者階級へ反映したものといってよいであろう。

一八六〇年代に出版された婦人雑誌『イギリスの働く婦人』は、中産階級の声を働く婦人に伝えるために発刊されたといういかにもイギリスらしい皮肉な標題をかかげた雑誌であるが、その六四年一月一日号にはつぎのような働く婦人へのアピールが掲載されていた。

働く主人をもつ奥さん！　よくお聞き下さい。主人や子供の幸せのためにあなたの家庭をよくしようではありませんか。あなたのいちばんの義務は何であるかを考えて下さい。働きに出る誘惑が何であれ、あなたのなすべきことは家庭にいることなのです。

それでは家庭における主婦の義務は何であるのか。その指針を細かに示したのが先にのべたイサベラ・ビートン夫人の『家政読本』であった。これは主として下層中産階級も含めた中産階級の主婦を対象としたものであるが、ビートン夫人の著書に先立って、労働者階級の家庭の主婦を対象とした安価な婦人雑誌がすでに一八四八年から出版されていた。月刊『ファミリー・エコノミスト』がそれで、これはわずか一ペニーという安い価格で売り出された、いわば廉価版「暮しの手帖」のはしりであった。第一巻の表紙には「始めよければ終りよし」「教育は第二の天性なり」「上機嫌は幸福のもとなり」、第二巻の表紙には「天は自ら助くるものを助く」「平和に生きるものはよく生きるなり」「もたざるものは怖いものなし」といった格言をもってふちどってあり、しかも「勤労階級の道徳的、肉体的、家庭生活の改善に資すために」とわざわざ雑誌の趣旨を表紙に掲げていた。『ファミリー・エコノミスト』の内容は、「紅茶のおいしい入れ方」とか「熱病やコレラに罹らない方法」「光が健康に与え

●イースト・エンドの宣教師が開いた料理教室（1873）

る影響」「貧乏に耐える方法」といった勤勉な主婦の日常の心得を中心に編集したものであるが、とくに力を入れていたのが料理・献立の調理法であった。

イギリスの料理は不味いというのが今日の定評である。なぜ不味いかについては意見が分れるであろうが、フランス料理と比較して調理法に工夫が足りないという点ではあまり異論がないであろう。このことはイギリス人も自他ともに認めるであろうとした上で、『ファミリー・エコノミスト』（第一巻）は興味深いエピソードを紹介している。

すなわち、ナポレオン戦争のスペイン戦線で、フランス軍、イギリス軍とも食糧の補給に困ったことがあった。そのときフランスの兵士はイギリスの兵士よりはるかによくその強さを保持した。その理由は、フランスの兵士の調理法がすぐれていて、かれらの手に入れることのできた材料を実に巧みに調理しスタミナを保ったからである。他方、イギリス兵はどんな調理法をしたかといえば、たとえば肉の塊りをただ石炭の火の上であぶるだけで、大部分を黒焦げの灰にしてしまう一方、火がかからない部分は生《なま》のままといった調子で、折角の乏しい肉も台なしにするありさまである。これに対してフランスの兵隊は、肉を小間切れに切ってそれを叩いて伸ばし、パンやそこいらから掻き集めてきた葉っぱや野菜といっしょにシチューにし、塩や胡椒で味をつける。そうすることによって、乏しい材料とはいえ健康によいスタミナ料理に沢山の兵士がありつけたのである。こうした野戦料理の調理法のちがいが、軍隊の強さと健康に大きな影響を与え、その結果、イギリス兵が飢えで苦しんでいる同じ場所で、フランス兵は健康な生活をすることができたというわけである。

収入の乏しい労働者の家庭も、ピューリタン的節約の精神でこの教訓を生かす必要があるという立場から、『ファミリー・エコノミスト』は、たとえば「どんな種類の魚からも良い料理ができます」として具体的に調理法を紹介している。すなわち、「まず魚から骨を抜きとりそれを切って小さな切り身にいたします。つぎにこれを玉ねぎとパセリを切り刻んだものので混ぜ、塩と胡椒で味をつけて下さい。そして卵を二箇、スプーン一杯分のケチャップで泡立てたなかへ魚を入れて混ぜていただきます。その上にベーコンを二、三片のせて調理皿に移し、ダッチ・オーブン（前の開いている肉焼き器）で焼いて下さい。でき上がれば、軟らかくなったバターかオイスター・ソースで召し上がって下さい」といった調子である。

安い材料でいかに美味しいものが作れるかという、庶民のための献立が毎号掲載、紹介されて、下層中産階級の主婦のあいだで人気を博した。イギリス料理の特色といわれる家庭料理の伝統ができ上がるのは、こうして主婦の料理への関心が高まったヴィクトリア中期のことではなかったかと思われる。

またこの時代はイギリス近代における第二次食事革命の時代であった。第一次食事革命は、一七世紀中ごろから一八世紀はじめの商業革命によってアジア、アフリカ、新大陸から珍しい食べ物、飲物、果物が輸入されたことによって起こった。メキシコからはとうもろこし、トマト。ペルーからはじゃがいも、ピーナッツ。ブラジルについで西インド諸島からは砂糖。アジアからバナナ、米。一八世紀初めからデザートに舶来の果物がつくようになった。たとえばいちじく（北アフリカ産）、レモン、オレンジ、ライム（西インド産）、すいか（エジプト、インド、中国産）、桃（インド、中国産）、いちご、パイナップルなど。またこの時代に新しく登場した飲料としては、アラビアのコーヒー、メキシコのココア、中国の茶があった。しかしこれらを口にすることのできたのは、上流階級だけであった。ただし、じゃがいもだけは、貧民のパンに代わる代替食糧となった。

　これに対して一九世紀中ごろに起こった第二次食事革命は、鉄道、蒸気船など近代的輸送機関の発達、瓶詰め、缶詰め、冷凍法を中心とする食糧保存法の発達によってもたらされた。人造バターが発明されたのは一八六〇年代であり、冷凍船で初めて大量の牛肉と羊肉がオーストラリアからイギリスへ運ばれたのが一八八〇年であった。また一九世紀前半、都市労働者の手に入った魚といえば、塩漬けのニシンしかなかったが、六、七〇年代になると、冷凍装備のトロール船によって捕獲された新鮮な魚が、安い値段で庶民の台所に届くようになった。こうして新鮮な魚（とくにタラ）がイギリスに入ってくるようになって登場したのが、フィッシュ・アンド・チップスである。フィッシュ・アンド・チップスというのは、ころもをつけて油で揚げた魚に、拍子木形に切って揚げたフライド・ポテトを添え、酢（といっても、日本のような米酢ではなく、多くは麦芽酢《モールト・ヴィニガー》）をかけて食べるもので、新聞紙でつくった袋に入れて売っていた。誰が発明したのか、いまでも論争のあるところだが、労働者の食べ物として定着したのが、一八六四〜七四年のころである。ともかく第二次食事革命は、産業革命の成果と七つの海の支配を背景に、労働者大衆の食卓まで包み込んだ大きな拡がりをもつものであった。

主婦は最上のミシンか

産業革命は生産と消費を分離させ、生産の場としての工場や職場に対して、消費生活の場としての家庭を新しく構築した。しかしその家庭はたんなる消費の場でなかったというか、無秩序な気まぐれ的消費の場であったのではない。また主婦稼業も「ババ抜き・三食・ひる寝・テレビ付き」と今日蔭口をたたかれるような呑気なものでもなかった。じっさいのところ、工場内の厳格な規律、組織と激しい労働が、家庭内にもち込まれ、主婦はろくに休む暇もない家事労働に駆り立てられていたのである。

召使いを数人抱えている中産階級の女主人の場合、彼女に課せられていた仕事は、工場でいえば監督《フォアマン》の仕事に似ていた。すなわちそれぞれ召使いに家事の分担割当を指示するとともに、まずその仕事をどのようにすべきかをきちんと教え込まなければならない。そしてかれらが教えられたとおり正しく実行しているかどうかを監督しなければならないし、ときには手をかしていっしょに仕事をせねばならない。ビートン夫人は『家政読本』の中で、召使いに対する女主人の態度は「厳しさが必要だが、同時に親切心と暖かい思いやりが大切で、そうすればあなたを尊敬し、あなたの希望するとおり働いてくれるであろう」とのべている。

ところで、召使いを雇えない家庭の主婦の場合、家事のすべてを一人で切り廻さねばならなかったから、工場でいえば主婦はさながら機械そのものであったばかりか、機械に使われる労働者でもあった。一八五九年のユーモア週刊誌『パンチ』は、家庭のなかであくせく働く主婦の姿を、つぎのようにパンチのきいた痛烈な言葉で風刺していた。

男のもつことのできる最上等のミシンは妻という名の機械である。それを動かすにはひと言親切な言葉をかけるだけでよい。滅多に修理しなくてよいし、騒音もそれほどうるさくない。この機械はほとんど騒動を起こさないし、ひとたび動き出すと、がみがみいわなくとも、また別に監督をつけて監視しなくても、休むことなく何時間でも動いている。それは与えられた古切れからシャツをこしらえ、靴下を繕い、ボタンを縫いつけ、ポケット、ハンカチに名前をつけ、エプロンや子供服もつくる。それはあなたの眼の前でも、背中の蔭でも仕事をする。じっさい良く働くことといったら、数日間あなたが家を離れていても、いつもと同じように仕事をし続けているだろう。もし過労のためにちょっと調子がおかしくなったときは、しばらく休ませておくと自然に直る。直れば今度はいままで以上に熱心に縫い物に精を出すものだ。

いまの時勢ならきっと抗議の投書が殺到し、デモ隊が赤い気焔をあげて『パンチ』編集部に押しかけるにちがいない。しかしこうした風刺がまかり通ったところをみると、家庭は主婦を中心とする消費の場になったといっても、召使いを雇えない庶民の家庭は、妻を労働者とするいわば一種の家父長的家内工業の生産職場にすぎなかったといってよい。そういう意味では、生産と消費はまだ完全に分離したとはいえない状態にあったし、消費生活のかなりの部分は主婦の家庭内生産労働に依存していたのである。

こうして休む暇もなく家事労働に従事する主婦も、家庭内においては夫の家父長的権威の下でほとんど妻としての権利も地位も与えられていなかった。彼女のアイデンティティは、夫の妻であることと家庭における役割のなかにあったにすぎない。日本の旧民法が妻を一種の準禁治産者として扱い、夫の許可がなければ妻の法律的行為は無効とされたように、ヴィクトリア中期の妻の行為も、社会的には彼女自身の責任ある行為とはみなされず、ただ夫の名前で行為できたにすぎなかった。また一八七三年の法律で修正されるまでは、結婚すればその女性の財産も所得も夫のものとなり、妻の自由になる財産は認められていなかったのである。だから家庭はもとより家庭のなかにあるすべてのものもまた、夫の所有に属していた。

つまり妻や子供は夫の庇護の下に存在する一方、夫は妻や子供を養う義務を負うという家父長的構造になっていたのである。父親や一家のあるじとしての夫の権威を支えていたのも、こうした家父長的構造であった。もちろん、こうした社会構造に対してきびしい批判や抵抗があったことは無視できない。しかし父親として、また夫として命令を下せば、妻や子供はそれに従わねばならなかった。たとえ夫への隷従、夫の虐待から逃れたいと思っても、事実上財産的独立の基礎をもたなかったヴィクトリア時代の女性にとって、離婚することはきわめて困難な事であった。

こうして近代的都市生活はヴィクトリア中期に核家族を中心として確立した。日本の社会学者や文化人類学者は日本の社会をタテ型社会として特徴づける。これに対してヨーロッパとくにイギリスの社会をヨコ型社会と規定するが、じつはイギリス近代社会はタテ型社会として成立したのである。しかもそれは男性中心のタテ型構造をもっていたかぎり、家庭的社会的にさまざまな矛盾を抱えていたといわねばならない。そうした家庭内における家父長的タテ型構造は、戦前の日本におけるそれと外見的には多くの類似性をもっている。ただ戦前の日本の場合、家族の統合原理は封建社会の大家族制的長子相続に支えられた「イエ」の理念であったということが、イギリスと根本的に異なっていた点である。しかも封建的な儒教倫理と、それに貫かれた主従的身分関係が、夫婦・親子関係のなかに持ち込まれ、それが制度化されたことが、いま一つの特色である。これに対してイギリスの家父長的家族原理は、ジェントルマンとキリスト教の博愛主義の系譜に連なるものである。それと同時に、工場制度の成立とともに、工場内の労使関係や作業規律が家庭内の召使いの雇用関係のなかにもち込まれ、ひいてはそのアナロジーは『パンチ』が風刺していたように妻の家事労働にも導入された。もとより家庭は工場のような商品を生産する場所ではない。家庭は消費の場であり、平和な魂の安らぎの場である。そうである以上、家庭は文化的香りに充ちたものでなければならないし、文化的価値の創造と向上を志向することが、家政の目標となる。こうして婦人を中心とするブルジョワ的消費生活の展開は、家事労働からの解放にともなって、音楽、美術、手芸、文学、スポーツなど文化の領域へ拡がってゆくのである。

3

白いパンと一杯の紅茶

——庶民の食べ物——

産業革命はイギリス人の食生活をどのように変えたか——この問題を、主として都市の労働者階級を中心に考えてみたい。

工業化の開始にともなって、イギリスの人口は急速に増加した。一七五〇年のイギリス（イングランドとウェールズ）の人口は約六〇〇万と推定されているが、一八〇一年には五〇パーセント増加して九〇〇万に、そして一八五一年には二倍の一八〇〇万になっていた。他方、都市化も急速に進展して一七五〇年には都市人口は全体の一六パーセントと推定されているが、一八〇一年には二〇パーセントに、そして一八五一年のセンサス（国勢調査）では、全体の約半分以上が人口五万以上の都市に住んでいた。一般的に都市社会では、人びとは競争的になり、社会的流動が活発になり、階級間の生活の模倣が進むといわれているが、産業革命期の急速な工業化は都市の労働者の食生活をどのように変えたであろうか。まずもっとも基本的な食糧であるパンについて考えてみよう。

自家製の褐色パンからパン屋の白パンへ

生活水準に格段の向上がみられ、安価な輸入食糧がイギリス食品市場にあふれるようになるのは一八七〇年代以降のことで、そのころからパンの地位は大幅に低下し、世紀が変わるころには、イギリスの大多数の家庭では、パンはすでに食費支出のなかのもっとも重要な品目ではなくなっていた。というより一九〇〇年以降、パンは実質所得が伸びるにつれて消費が減少する、いわゆる「劣等財」に転落した。ところが、今問題にしている古典的な産業革命の時代には、都市の労働者にとって、パンは食費支出のなかでもっとも重要な項目となっていたのである。エンゲルスの次の叙述は、一八四〇年代になっても、労働者の家庭では依然として重要な支出項目であったことをうかがわせる。

個々の労働者のふつうの食物は、いうまでもなく労賃によってさまざまである。賃金が比較的高い労働者、とくに家族構成員のだれもが多少ともかせぐことのできる工場労働者は、みんながかせげる間は、良い食物、すなわち肉を毎日、ベーコンとチーズを毎晩とる。かせぎの少ない家族は、日曜日だけ、もしくは週に二、三回肉をとり、その代わり馬鈴薯とパンを余計に食べる。下層に移るにしたがって動物性の食物は、馬鈴薯の中にほんの少しきざみこまれたベーコンになり——さらに下層になるとそれもなくなって、チーズとパン、オートミール（ポリッジ）それに馬鈴薯となり、最下層のアイルランド人のところでは、食物となるのは馬鈴薯だけである。（『イギリスにおける労働階級の状態』武田隆夫訳）

つまり人口の大部分を占めていた労働人口にとって、パンは主食だったのである。そして多くの労働者にとっては、パンは食事のほとんどすべてであり、ほかには少しのバター、チーズ、ベーコン、紅茶がつくぐらいで、新鮮な肉はまだ贅沢品であった。したがって最下層の労働者の家庭では、新鮮な肉がテーブルにのることはめったになかったのである。

パンが労働者の主食であった時代には、その値動きは当然、庶民の生活に重大な影響を与えていた。したがって、一八世紀末にイングランド南部で労働者の最低生活を保障する救貧制度、いわゆる「スピーナムランド制度」を作ったさい、バークシャーの治安判事たちは、パンの価格と家族数にスライドする最低賃金表（バークシャー・パン基準賃金表）を考案した。また不作のためパンの価格が騰貴し、庶民の生活を圧迫した年には各地で食糧暴動が発生し、イギリス版「米騒動」や「おしゃもじデモ」がくり広げられた。かのラッダイツ（機

●簡易宿泊所の貧しい人びとの夕食風景（19世紀中ごろ）

械打ちこわし）にしても、チャーティスト運動や反穀物法運動にしても、民衆の抵抗運動の盛り上がりとパン価格の騰貴とは密接に関連していたのである。歴代の政府がパンの価格の安定に神経をつかったのもそのためである。

はじめに指摘したように、一八〇一年には都市人口は全体の二〇パーセントにすぎなかった。つまり五人のうち四人はまだ農村に暮らしていたわけである。したがって一八世紀には、まだ自分の家のオーブンで褐色のパンを焼いていた家は相当多かったはずである。もともとパン焼きはビールの醸造とともに、その設備もコツも親から子へ受け継がれてきたものであった。だがエンクロージャーによって共同地が囲い込まれると、無料の燃料が得られなくなり、主婦が賃仕事に追われてパンを焼く時間の余裕を失うようになると、パン屋のパンに依存せざるをえなくなる。このようにしてホーム・ベイキングの習慣は南部の方からしだいに姿を消しはじめ、やがて中部や北部でもすたれていくことになる。したがって一九世紀が進むにつれて、自家製の焼きたてのパンを食べることは一種の贅沢になり、召使いを雇っている豊かな家庭にのみ許された特権になるのである。

パンのもうひとつの変化は大衆の嗜好が褐色パンからしだいに白パンに変わったことである。（イギリスでは精白度の低い小麦粉から作った褐色パン＝ブラウン・ブレッドは一八五〇年には事実上消滅していたが、二〇世紀に入って健康食として復活した。しかし今日でも製パン全体の一〇パーセントにも満たない。イギリスの白パンと褐色パンとの関係は、どうやら日本の白米食と玄米食のそれに似ているようである。）一八世紀の初頭には白パンと紅茶は生活にゆとりのある人びとのみが口にしえた贅沢品であって、労働者にとっては小麦粉のパン、それも十分に精麦し、ふすま（麩）をすっかり取り除いた上質の小麦粉で作った真白いパンは憧れの的であった。ロンドン市民の白パン好みは、やがて地方都市の市民の間に広まり、そして世紀末になると、家庭でパンを焼く習慣が衰えるのと同じように、褐色パンの消費は減り、どこの町でも村でも白いパンが好まれるようになっていた。もっとも、かなり地域差があったようで、大麦やオート麦、ライ麦が入った混合パンは特に北部では、一九世紀に入っても広く用いられており、凶作の年には一九世紀中葉においても用いられていたようである。一八世紀末になって、憧れの白いパンと一杯の温かい紅茶が労働者の食卓でも普通になったが、貧しい人びとにとっては、それが食事のほとんどすべてであった。白いパンさえあれば肉もバターもチーズもなしですますことができたからである。白いパンと一杯の紅茶は、金持ちにとっては食卓の添えものにすぎなかったが、貧しい人びとにとっては、それが生命を維持するもっとも安上がりの食事であり、「貧困線の食事」だったのである。

都市労働者の簡素な食卓

一八世紀後期、一〇〇万都市へと近づきつつあったロンドンを別にすれば、地方都市の人口はせいぜい数万であった。そのころの小都市においては、市民の食糧は近郊農村から割合容易に集めることができた。が、ロンドン市民の食糧はイギリス各地から集められていた。野菜は南部のケントやサリーの諸州から、そしてスミスフィールドの市場で取引された羊肉や牛肉は、それぞれウェールズやスコットランドから遠路はるばる生きたまま運ばれてきたものであった。一九世紀に入って本格的な工業化が始まると、膨大な数の労働者家族が都市に殺到したため、一八〇〇年と一八五〇年の間にマンチェスターの人口は八万四〇〇〇から三〇万に、バーミンガムは七万から二五万に、リーズは五万三〇〇〇から一七万に膨れ上がった。こうなると過密と不衛生の問題だけでなく、激増した人口をいかにして養うかという難問がおこってきた。

イギリスが鉄道時代の幕を開けるのは一八三〇年代のことであるが、それまでは生産地から大消費地への食糧輸送は主としてターンパイクや運河を利用する馬車や運河ボートに頼らねばならなかった。この貧弱な輸送手段を考えただけでも、当時の都市の食糧がなぜ高かったか、なぜ腐敗しかけたものが多かったか、が理解されるであろうし、鉄道ブームを過ぎ、輸送網が発達した一九世紀半ばになると、関税の引下げ（貿易の自由化）による輸入食糧の低廉化と相まって、都市の食生活が格段に向上したであろうことも、大よその察しがつくであろう。

ところで、学界では、産業革命はイギリスの労働者階級の暮らしを改善したか、悪化させたか、という問題をめぐって長い論争を続けてきた。この論争は「生活水準論争」と呼ばれており、マルクスやエンゲルスの時代から今日にいたるまで延えんと続いているのであるが、今なお悲観説と楽観説のどちらが正しいとも言い切れない状態である。ここでわれわれに関心があるのは当時の労働者の食卓である。生活水準論争では当然のことながら、労働者の賃金（収入）とともに食糧品・衣料品・家賃（支出）の変化が問題にされた。とくに食糧の内容は重視されてよい。というのは暮らしの良し悪しを測る方法はいろいろあるが、食事の内容を吟味してみるのも、手っとり早いひとつの方法と考えられるからである。ただ注意しなければならないことは、一口に労働者階級といっても、地方により、職種（熟練労働と不熟練労働）によって収入に大きな開きがあったように、食事の内容もそれに応じてかなりの違いがあったということである。表1は一八一〇年ごろのロンドンの植字工の家庭（夫婦と子供二人）における一週間の食事内容を示したものであるが、おそらく当時の熟練労働者の中でもトップクラスの例になるだろう。一週間に約二ポンドの収入があり、肉・家賃・衣料費の支出が大きく、不慮の出費に備えて共済組合費を支出する余裕をもっていたのであるから、家計のタイプとしては労働者というよりは中産階級の下層に近いとみるべきであろう。

ロンドンでもごく普通の半熟練労働者の場合、一八四〇年ごろになっても、夫婦と子供三人の家庭の支出は週一五シリング程度で、家計の六〇パーセントは食べ物に支出されている。その内訳は表2のようであるが、食べ物のうちパンと馬鈴薯が五〇パーセント、肉は二二パーセントを占めていた。

ちょうど同じころ、ランカシャーの綿工場で働いていた二人の熟練労働者の家計をあげておこう（表3）。Aは仕上げ工で六人家族、一週の支出は一ポンド一シリング一ペンス半、

表1　ロンドンの植字工の1週間の家計（1810年ごろ）

	ポンド	シリング	ペンス
パンと小麦粉　20ポンド（重量）		6	9¼
肉　14ポンド（ポンド当たり9ペンス）		10	6
バター　2ポンド（ポンド当たり1シリング4ペンス）		2	8
チーズ　1ポンド			11
黒ビール　1日3パイント（約9合）		4	4½
紅茶　¼ポンド（ポンド当たり7シリング）		1	9
砂糖		1	6
野菜		1	6
ミルク			7
胡椒，塩，酢その他			6
家賃（週）		6	0
ロウソク　1.5ポンド		1	7½
石炭　1ブッセル		1	9
石鹼，澱粉，青色染料			9
衣服，靴および修理代		4	0
教育費と本代ほか		1	6
共済組合費			10
合　計	2	7	6¼
平均収入	1	19	2½

（備考）1ポンド＝450グラム，1パイント＝0.57リットル
（典拠）John Burnett, *Plenty & Want*, 1966, p. 62.

表2　ロンドンの半熟練労働者の1週間の家計（1840年ごろ）

		シリング	ペンス
パン	4ポンドもの5個（1個8½ペンス）	3	6½
肉	5ポンド（ポンド当たり5ペンス）	2	1
黒ビール	7パイント（パイント当たり2ペンス）	1	2
馬鈴薯	40ポンド	1	4
紅茶	3オンス，砂糖　1ポンド	1	6
バター	1ポンド		9
石炭	½cwt.		9½
石鹼	½ポンド，ロウソク　½ポンド		6½
家賃		2	6
教育費			4
雑費			5½
	合　計	15	0

（典拠）Burnett, *op. cit.*, p. 68.

Bは機械補助工で七人家族、支出は一ポンド二ペンス半である。一週の支出のうち食べ物にAは七〇パーセント、Bは七五パーセントを支出しており、さらに食べ物のうちパン（または小麦粉）とオートミールと馬鈴薯にAは四一パーセント、Bは四四パーセントを、そして肉類（肉とベーコン）にはAは一八パーセント、Bは一六パーセントを支出している。

次に同時期に同じく綿工場で働いていた最低クラスの労働者の例を二つみてみよう（表4）。ともに夫婦と子供四人の家庭で、Aは週平均支出が一〇シリング、Bは五シリング六ペンスである。一週の支出のうち、食べ物にAは七六パーセント、Bは八五パーセントを支出しており、さらに食べ物のうちパン、オートミール、馬鈴薯にAは七九パーセント、Bは七七パーセントを、そして肉類（ベーコン）にAは九パーセント、Bは三パーセントしか支出していない。またA、Bとも紅茶を欠いており、代わりにミルクが入っている点が注目される。

労働者の間に家計簿をつける習慣がなかった時代に、労働者の家計を正確に捉えることは無理な話であり、エンゲル係数の高い低所得層の場合は食品価格の変動によって、食事の中身も年によってずい分違っていたにちがいない。ただ乏しい史料から推測しうることは、大部分の都市労働者のふだんの食事はパンと馬鈴薯（それに地方によりオートミール）と紅茶、

表3　ランカシャーにおける2人の熟練労働者の1週間の支出
(1840年ごろ)

	A			B		
	ポンド	シリング	ペンス	ポンド	シリング	ペンス
小麦粉またはパン		5	0		5	3
馬鈴薯		1	0			10
オートミール			5			10
肉		2	9		1	6
ベーコン					1	0
バター		2	0		1	3
ミルク			10½		1	6
チーズ						8
紅茶			7½			6
コーヒー			6			3
砂糖		1	9		1	3
糖蜜			4½			6
塩			1			1
イースト			3			3½
石鹼			9			10
ロウソク			3			2
石炭		1	6			10
家賃		3	0		2	8
合計	1	1	1½	1	0	2½

(典拠) Burnett, *op. cit.*, p. 70.

表4　2人の最下級労働者の1週間の支出 (1840年ごろ)

	A		B	
	シリング	ペンス	シリング	ペンス
パンと小麦粉	2	6	1	9
オートミール	1	10	1	0
馬鈴薯	1	8		10
ミルク		6		11
ベーコン		8		2
砂糖・糖蜜		5		
石炭		9		6
石鹼・ロウソク		6		4
タバコ・かぎタバコ		2		
衣料品		6		
家賃		6		
合計	10	0	5	6

(典拠) Burnett, *op. cit.*, p. 72.

それに時折わずかの肉、というきわめて簡素で単調なものであったということである。

豊かさの象徴――ディナー・パーティ

以上のように、都市の労働者の食事は簡素であったが、富裕な人びとはどんな食事をとっていたのであろうか。年に数千ポンドを越える収入があり、男女十数人の召使いを抱えていた上流家庭では、食事が豪華であったことはいうまでもない。またフランスから政治亡命してきた多くのシェフ（料理番）は貴族をはじめ上流社会の嗜好や食事の習慣に大きな影響を与えたにちがいない。さらに産業革命が生んだ多くの新興成金も、邸宅や家具調度、馬や馬車とともに、食べ物の点においても新しいカラーを打ち出した。たとえば、一八世紀の農村の大地主たちは朝食にコールド・ロースト・ビーフ、チーズとエール、魚、卵、そして時にはチョップ（骨つきの厚切り肉）やステーキまで食べて狩猟や射撃や所領の視察に出かけたのであり、昼食に帰館しないときにはポケットにサンドイッチを入れていったという。そんなとき、夫人たちは正午にはビスケットと少しのワインをとるだけで、実質的には一日二食であったようである。しかしビジネスで朝の忙しい新興成金たちの間では、シンプルな朝食が流行して、エールは紅茶かコーヒーにかわり、それにゆで卵とトーストパンにバターとい

●上流階級のディナー・パーティ（ジョルジュ・デュ・モーリエ　1883）

った今日の朝の食卓に近づいていった。

豊かな人びとの食生活で目立った特徴は、ディナー・パーティがかれらの社会的威信を示すシンボルになったことである。中産階級の月一回のパーティから上流階級の毎週のパーティまで、集まる人数や食卓の内容もさまざまであったが、その準備には最低丸一日はかかったというから、それに費やした時間とエネルギーと金はたいしたものであったにちがいない。イギリス人の間にフランス料理やフランス風の食べ方が広まったのも、こうしたパーティの影響が大であったことはいうまでもない。元来、イギリス流のディナーではすべての料理を一度にテーブルに出すならわしであったのが、フランス風に料理を区分（アントレ、アントルメー）し、順を追ってテーブルに運ぶようになったし、調理には各種の香料が使われ、料理に応じたワインが注がれ、凝ったデザートが食卓を飾るようになり、貴族の大パーティになると、名士のスピーチとともにその日のメニューが翌日の新聞にのることもあった。大陸からやってきたシェフたちにとっては、このようなディナー・パーティこそかれらの腕の見せどころであったといえよう。そうしたシェフの中からアレキス・ソワイエのように『イギリス国民伝記事典』に名を連ねるという栄誉をになう者も現われたのである。

次にジェントルマンとしては、おそらく最低の所得層と思われる家庭（夫婦と子供三人、召使い一人）の一八二四年ごろの年間支出明細を示してみよう。この表5（九八ページ）で注目すべき点は、食べ物全体の支出のうちパン（と小麦粉）は一三パーセントであるが、肉と魚が三一パーセントを占めていることである。

豚の餌をねらう教区徒弟

ロンドンその他の大都市の救貧施設からランカシャーなどの紡績工場へ集団で送り込まれた子供たちは、教区従弟と呼ばれるが、かれらの悲惨な生活はイギリス産業革命史のもっとも暗い部分として知られており、かれらを酷使した工場主に対する人道主義的な批判が一八

表5　下層ジェントルマンの1年間の家計（1824年ごろ）

		ポンド	シリング	ペンス
週	パンと小麦粉　1人1シリング		6	0
	バター　3 ½ポンド（ポンド当たり平均1シリング）		3	6
	チーズ　1人¼ポンド（1 ½＝10ペンス）		1	3
	ミルク　1人3ペンス		1	6
	紅茶　5オンス（ポンド当たり8シリング）		2	6
	砂糖　4 ½ポンド（ポンド当たり8ペンス）		3	0
	香料・調味料ほか　1人6ペンス		3	0
	精肉　18ポンド（ポンド当たり7ペンス）		10	6
	魚　1日6ペンス		3	6
	野菜・果物　1人6ペンス		3	0
	ビール・アルコール飲料　1日1シリング		7	0
	石炭と薪		3	9
	ロウソク・油など　週2ポンド		1	2
	石鹸・澱粉など　週2ポンド		1	2
	洗濯・清掃ほか雑費			9
	合　計	2	11	7
年	以上の年間合計	134	2	4
	娯楽費，医療費，臨時支出	7	11	0
	衣料費（主人14ポンド，妻12ポンド，子供10ポンド）	36	0	0
	家賃・租税など	25	0	0
	教育費	10	10	0
	女中	16	0	0
	支出年間合計	229	3	4
	予備費1/12	20	16	8
	年　収	250	0	0

（典拠）Burnett, *op. cit.*, p. 89-90.

〇二年の工場法を生む契機になったこともまたよく知られている事実である。といっても、初期の工場主のすべてが児童を虐待したわけではない。なかにはデイヴィッド・デイルやロバート・オーウェン、それにサミュエル・オールドノウのように児童労働者のために心をくだいた模範的な工場主もいた。たとえば、有名なモスリン製造業者であったオールドノウ（一七五六〜一八二八）の工場では、徒弟の健康のために労働のあとは牧場で運動させ、日曜日にはかれらに上等の服を着せて工場主ともども自分の教会で礼拝し、食事も当時としてはもっとも上質のものを与えていた。徒弟の朝食はポリッジとベーコン、毎夕食には肉がついたほか、プディングかパイが出された。豚が屠殺された日には、肉のたっぷり入ったミートパイを食べさせ、果樹園の果物もすべて子供に与えられたという。しかし、大部分の工場主は子供たちを長時間（最悪の例では午前五時から午後八時まで）働かせただけでなく、ずいぶん粗末な食事を与えていたようである。ここにロバート・ブリンコウの回想録（ジョン・ブラウン著、一八三二）から、信じられないような極端な粗食の例を拾って紹介してみよう。

ロバート・ブリンコウ（一七九二〜一八六〇）――この人は不幸にも一人の孤児としてスタートしたが、後には出世して綿工場主となり、息子の一人はケンブリッジ大学を出てイギリス国教会の牧師になっている。ブリンコウは七歳のときにロンドンのセント・パンクラスの救貧院から仲間の少年少女と一緒にイングランド中部の綿工場へ送り込まれていった。工場へ行けばローストビーフやプラムプディングを食べさせてくれるという噂に心を弾ませて。かれはそこで成年までの一四年を徒弟として送ったのであるが、食事に関する以下の回想はそのころのことである。

食べ物は悪かったが、調理法はいっそう悪かった。子供たちには最下等のアイルランド産ベーコンを食べさせるのがふつうであった。これをターニップ（かぶ）と一緒にゆでて水の中へほうり込むのだが、このターニップ、まったく水洗いしていないとは言い切れないが、皮をむいていないことは確かである。こんなものがリットン工場で働く教区徒弟の日曜の食べ物である。まずブリンコウが着き、ついで他の子供たちもロウダムから到着したが、そのときかれらは他の徒弟たちの多くがスプーンもナイフも使っていないことに気がついた。新来者には長い間スプーンもナイフも与えられないので、肉も濃いポリッジもスープもできるかぎりそれらを使わずに食べなければならなかった。日曜日にはベーコンのスープが出されたが、かれらはそれをオート麦のビスケットと一緒に汚い木のボールに入れて食べた。そうするより食べようがなかった。というのもスープとはいえ、ほとんど水であったからである。その中には変色してなかば腐った下等のベーコンと皮をむかないターニップとが一緒にたきこまれていた。……このスープの悪臭ときたら胃がむかつくほどきついものであった。それでも猛烈な空腹のためにそれを食べるほかなかった。

次は同じくリットン工場で空腹の徒弟と満腹の豚との間でくりひろげられた食べ物争奪戦の模様である。

小屋の豚と徒弟はじつによく似た方法で食べ物を与えられていた。ただ豚の場合は腹がすくと大声でしゃべり、ブーブーがなりたてると、腹の虫おさえに、まず水っぽい残飯にありつけた。ところが徒弟の場合はおどされて静かにさせられた。それに肥えた豚は徒弟よりも贅沢な食べ物が与えられていた。豚は、柔らかく固められて、ゆで団子のようになったミートボールをときどきご馳走してもらっていた。工場の一隅で働いていたブリンコウや仲間は、豚が餌をもらっているのを見つけると、いつも「豚どもが餌をもらってるぜ、お次はこちらの番だ」と言い交わすのであった。豚小屋と隣りあわせの建物の中にいたブリンコウや仲間は、いつも豚と餌のミートボールに目を光らせていて、豚番の姿が消えるのを見届けると、すばやく階段を駆け下りていって、ひそかに餌入れに近づき、すき間から手を突っこんでつかめるかぎりのゆで団子を盗みとった。食べ物はかようにして豚の餌入れから手に入れることができた。それはおそらく豚の不潔なあごで汚れていただろうが、徒弟は大喜びでそれを離れた便所か隠れ場所へ運び込んで豚なみの旺盛な食欲でもってむさぼるように食べた。一般に豚はもっとも愚鈍な動物と考えられているが、やがて豚の方でも腹をすかした少年の横取りを防ぐ対応策を考えだした。ミートボールが餌入れに投げ込まれると、豚は奪われないようにそれを押え、少年の手の届かない汚物の中に投げ込んだ。それだけではない。毎度、横取りされると豚の方も利口になって、厳重に見張りをするようになり、腹ペコの徒弟が接近してくるのを察知した瞬間に、豚はいっせいに大声をはりあげてブーブーとコーラスを始める。台所でこれを聞きつけた番人が鞭を手にして豚の群へすっとんでくる。こうした協力を得て豚は保護されることになったが、その日から徒弟たちの思いがけない「ご馳走」の元はなくなった。

最後の例はゴミ場あさりと野生の植物まで食べたという話である。

もしブリンコウが新しいキャベツの葉とか、馬鈴薯やターニップ（かぶ）の皮や切り屑が塵捨て場に捨てられているのを見つけると、かれは申し訳に、塵を詰めた缶をもって駆け下りていき、塵を捨ててしまうと、見つけたものを拾い集めてシャツの中に仕舞うか、缶の中に入れて、工場へ持ち帰り、ていねいに埃をはらって、がつがつと平らげた。また時には袋に入った米飯のプディングが夕食に出ることがあったが、その米たるやじつにひどいもので、うじ虫がうじゃうじゃしていた。ブリンコウはそんな食べ物に我慢ができないと工場のそばの森に入っていって、そこで少年たちのいう「パンとチーズ」をとってくることにしていた。「パンとチーズ」というのは野バラの実や葉、クローバーその他の植物のことで、かれはそれを懐いっぱいつめて工場に駆け戻り、くず米の代わりに食べた。バターミルクやミルク、糖蜜はもちろん、塩さえかけずに食べたのである。

紅茶――金持ちの飲物から「国民の飲物」に

イギリス人の紅茶好きは世界的に有名であるが、イギリス人が茶を飲むことを知ったのは一七世紀の中ごろである。黒ビールとブドウ酒が飲物であった国へ、茶・コーヒー・チョコレートといった非アルコール飲料がほとんど同時に入ってきたわけである。その中でなぜ茶――それも緑茶ではなく、紅茶――だけが普及し、ミルクや砂糖を入れて飲むようになったのか。ちょうど茶が入ってきたころに、西インド諸島の砂糖植民地が開発されたという歴史的事実を別にすれば、その理由はあまり明らかでない。そのうえ、紅茶がイギリス人の「国民的飲料」であったのは、たかだか過去二世紀くらいであり、しかも、いまやその地位は急速に危うくなっているのだ。というのは、第二次大戦以後はこの紅茶の国イギリスでさえ、コーヒーの消費が戦前の何倍にも伸びるという現象がおこっているからである。たとえば一九七三年、コーヒーは非アルコール飲料全売上高のうち四〇パーセント強を占めており、女性も子供も含めた国民一人当たりの年間消費量は約二ポンドに達している。戦後の、紅茶からコーヒーへのこの劇的な逆流の原動力がネッスル（スイス）の開発したインスタント・コーヒーにあることはいうまでもない。簡便さがうけたのである。ただし、紅茶もティーバッグで対抗しているのだが。かつてリプトンによって築かれた紅茶王国は今後もネッスルの攻撃に耐え抜くであろうか。イギリス人は「ティー・ドリンカーの国民」、という固定観念は果たして将来も不動でありうるだろうか。

ところで、東インド会社が中国から茶の輸入を始めるのは一七世紀半ばであるが、当時、茶は高価な贅沢品であり、もっぱら上流階級のものであった。茶はロンドンのコーヒーハウスで売られる飲物であり、薬種商の棚に並ぶ煎じ薬であって、茶壺の管理は貴重品なみに厳重であった。著名な日記を残したサミュエル・ピープス（一六三三〜一七〇三）のような人物でさえ一六六〇年まで茶を飲んだことはなかったようで、当時一ポンド（重量）は三〜四ポンドもしていたという。その後、輸入がふえるにつれて安くなり、世紀末には一ポンドぐらいにまで下がっていたが、それでも茶は金持ちの食卓に限られていた。一八世紀に入ると喫茶の風習は中流階級の間で流行になる。文豪ドクター・ジョンソン（一七〇九〜八四）は無類の茶好きであった。かれは茶の魅力にとりつかれ、「茶で夕べを楽しみ、茶で夜中を慰め、茶で快く朝を迎える」という日々で、一日中、やかんの冷める間がなかったといわれている。ところが、一八世紀末になると、フレデリック・イーデンの『貧民の状態』（一七九七）によれば、イングランド南部では、毎日、乾いたパンとチーズという単調な食事をとり、ビールを飲む余裕もないような、もっとも貧しい労働者の家庭でさえ、茶はごく普通の飲物になっ

図1　紅茶の1人当たり年間消費量

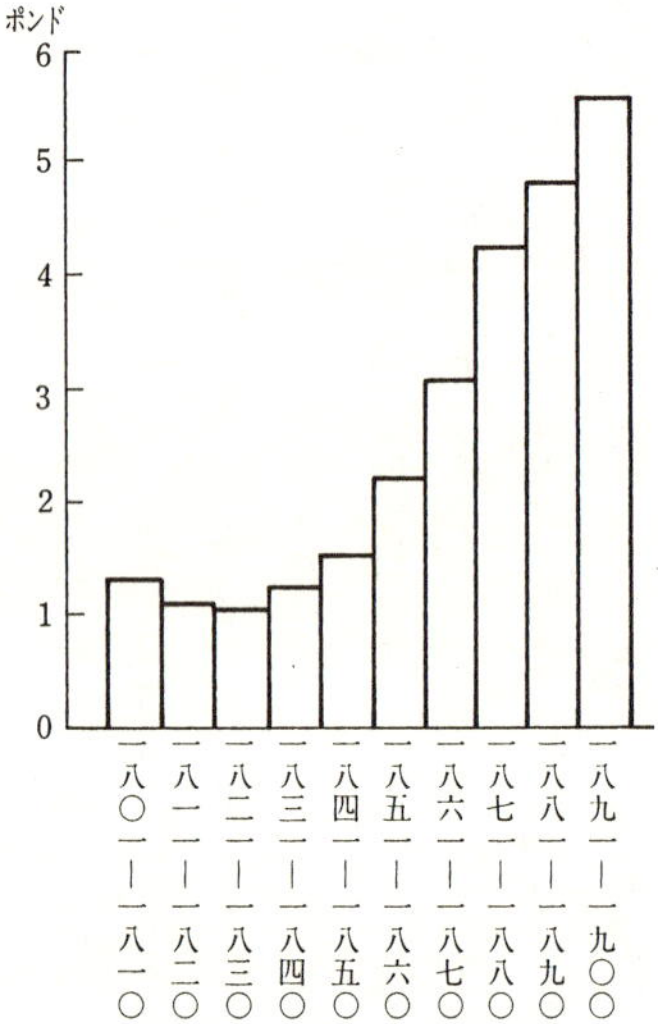

ていたという。紅茶がこのように普及したのは、中国における生産費と輸送費の低下によるところが大きい。さらに一八四四年には工場労働者の間でも、「薄い紅茶、それもたいていは少しの砂糖、牛乳もしくは火酒をまぜたものが飲まれる。紅茶はイングランドではいうまでもなく、アイルランドでも、ドイツのコーヒーのように必要欠くべからざる飲物となっている。だから、紅茶も飲めないところでは必ずどん底のきびしい貧乏が支配しているのである」とエンゲルスは報じている。

しかし、紅茶が著しい消費の伸びを示し、それが「国民の飲物」としての地位を確立するのは一九世紀後期であった。一八三三年に東インド会社による中国貿易の独占が撤廃され、茶貿易が一般に開放されて、茶の価格は低下したが、消費の急増はみられなかった。ところが図1のように、一八四〇年代の一人当たり年平均消費量は一・六一ポンドであったのが、五〇年代には二・三一ポンド、そして九〇年代には五・七〇ポンドに伸びた。このように紅茶がイギリス社会のすべての階級に愛飲される国民の飲物になったのに反して、コーヒーは主として中流階級の飲物であり、一八九〇年の一人当たりの年間消費量はわずか¾ポンドにすぎなかった。紅茶が世紀後期に入ってこのように急激に伸びた原因としては、国民の所得が伸びたこと、一八五三年以降関税が低下したこと、インドやセイロンに新しい供給源が開発されたことなどがあげられる。ここでトマス・リプトン（一八五〇〜一九三一）の名を加えておかねばならない。一八七一年、二一歳のリプトンはグラスゴーの一食料品店主としてスタートしたのであるが、やがて食品チェーンを組織し、一八九〇年、セイロンに進出、七〇〇余エーカーの大プランテーションを直営して、「茶園からまっすぐティーポットへ」を謳い文句に、独自のブランドの紅茶を流し、セイロン紅茶を世に広めたのであった。

安い食品を求めて——土曜の夜のマーケット

都市の労働者の家庭では日々の食べ物をどこで、どのようにして手に入れたのであろうか。どこの町でも昔から毎週きまった日に市《いち》（マーケット）が開かれていた。市にはさまざまの家庭用品や衣料品を売る店も出るが、大部分は生鮮食料品の店であった。鉄道が普及するまでは、野菜も果物も、肉類や卵、バターやチーズなども、ほとんどが近郊の農村の生産物であった。仲買人が農家から買い集めてきた品物は町の商人の手にわたる。町の商人は市場税を納めて市場に店を出す。独立の店舗を構えるのと比べて流通コストは安い。一九世紀の初めごろだと、都市の住民の中には家の周りに小さな菜園をもっていて、野菜や果物、ときには鶏や豚まで自給していた家庭も少なくなかったであろうが、大部分の労働者にとっては、市が食料品を手に入れるもっとも重要な場所であった。

しかし都市人口がふえ、所得水準が高くなるにつれて食品を売る常設の店舗（ショップ）もふえてきた。もっとも、食品店が扱う品物の種類によって専門化するのは、大都市以外では一九世紀もかなり後のことであった。小さな町でも大通りの食品店で買物をするのは中流の人びとで、労働者のなかでは一部の熟練労働者に限られていた。一般の労働者が利用する食品店は裏通りの小さな食品店、または「よろずや」であった。かれらはそこで紅茶や砂糖を買うのであるが、掛買が多いため年中、店に債務を負っていたという。また紅茶も砂糖もかれらの好みとふところ具合に合わせてブレンドされ、等級分けされていた。そしてシナモン、ナツメグ、ニクズク、胡椒、カレー粉、しょうがのような各種香味料を豊富にとりそろえていたのは本通りの高級食品店に限られていた。

多くの家庭にとって一番重要な食品であったパンは、もちろんパン屋で買うのであるが、パン屋の数は意外に少なく、一八五一年、ノッティンガムでは人口三四五人に一店、ヨークでは八五〇人に一店、マンチェスターやリーズのような工業都市ではもっと少なく一〇〇〇人に一店ぐらいの割合であった。大都市で少ないのはおそらく経営規模が大きかったからであろう。大きなパン屋では精粉や粉を練るのに蒸気力を使っており、焼き上げたパンやビスケットは労働者街の小売店に卸していた。しかし大部分のパン屋は住居と職場が一緒になっている小さな家族経営で、石炭商から燃料を、粉屋から小麦粉を、油屋、塩屋、食品店からそれぞれ油、塩、イーストその他の材料を買い集め、焼いたパンは直接店頭で売るか、通りを売り歩く呼売商人を雇って売りさばいた。パン屋はパンだけでなく、おやつ向きの練り粉食品や日曜日用の肉入りパンなど

●ヴィクトリア時代の小さな食品店

も作っていた。都市の下層労働者には料理用具を備えていない家庭が多かったからである。

都市の労働者はまた行商人からも食品を求めた。行商人とか呼売商人はもともと農村を舞台とする商人で、一九世紀半ばには農村でも姿を消しつつあった。だが都市では逆に食品の行商が急増していた。それは人口がふえて住宅地が市場のある町の中心から遠ざかり、女性が外で職業をもち、しかも勤務時間が長くなると、工場や住宅街に日常の食品や季節の食べ物を運んでくる行商人は、都市生活には不可欠の存在となっていたのである。

さて、買物であるが、当時の労働者の家庭でも給料が入ると、食欲を満たすことにささやかな贅沢をしたようで、週給をうけとる土曜日の夜のマーケットは、日曜日のご馳走を買う人たちでおそくまで賑わった。ことに工業都市ではそうであった。週給でふくらんだ財布をふところに労働者がマーケットにくりだすのは夕方になる。それまでに上流階級の女中や中流の人びとの買物は終っている。ゆたかな人たちが買ったあとには粗悪な安物ばかりが残る。「労働者が買う馬鈴薯はたいていは質が悪く、野菜はしなびており、チーズは古い下等な品で、ベーコンは悪臭をはなっており、肉には脂肪がなく、古く、固く、ときには病気にかかるか、くたばるかした老獣の肉であり――しかもすでに腐りかけているということもよくある」(エンゲルス)。

夜のマーケットは活気にあふれていた。なん百という店が並び、どの店にも一つか二つの照明がつく。昔ながらの獣脂が燃え、ロウソクが立ち、ガス灯が輝き、あちこちで薪の山があかあかと燃えて、マーケットの通りはまるで火事場のような明るさになり、客を呼ぶ威勢のよい声が飛びかっていた。土曜の夜も更けて閉店の時刻が迫ってくると、商人はいっせいに値下げして売り急ぐが、それを待ち構えている貧しい人びとがいた。「月曜日の朝までにはだめになってしまうかもしれない商品が、一〇時から一二時までの間に見切り値段で投げ売りされるのである。しかし一〇時にまだ売れ残っているものは、その十分の九までは日曜日の朝にはもう食卓にのせられない代物であった。しかし、まさにそういった商品こそが、もっとも貧しい階級の日曜日の食卓を飾ることになるのである」（エンゲルス）。

インチキ食品の横行――食品公害の始まり

人口のほとんど大部分が農村で暮らしていた産業革命以前、家族の食べ物や飲物のほとんどが主婦の手作りであった時代には、食品にいかがわしい混ぜものをしたり、添加物を加えたりしてまで、外見をよくする必要などはなかった。ところが、工業化・都市化とともに自家生産がすたれ、商人から買った食品を消費する時代になると、主婦は家事労働が軽減された代わりに価格と品質に悩まされるようになる。他方、商人の側でも買手の好みとふところ具合に合わせて、できるだけ低いコストで、見栄えのするものを作らねば競争に敗れ、顧客を失うことになる。ここにさまざまの食品添加物が登場する背景がある。粉屋、パン屋、醸造業者の悪徳商法の話はおそらく商業の起源と同じほど古い昔からあったことだが、不正食品の横行に非難の声が高まるのは、都市化の波が始まる一八世紀末ころからだといわれている。それはひとつには営業の自由化や商人間の競争の激化によるが、人口の移動の多い都市社会そのものにも一因があろう。永年、同じ町や村の同じ通りで暮らしている親しい者同士の間では、悪徳商人の入り込む余地はすくないからである。

有害・無害の科学的判断はともかく、混ぜものが取り沙汰された食品は、パンをはじめ小麦粉、砂糖、ビール、紅茶、コーヒー、ブドウ酒、漬物、胡椒などじつにさまざまであった。パンについては、当局が価格や量目を規制する法令が古い時代から存在しており、形式的には一九世紀の初めまで残っていたが、じっさいにはとっくに自由放任になっていた。パン屋があまり上等でない粉を使って白いパンを作るのは漂白剤に明礬《みょうばん》を使うからで、これはごく当たり前のことになっており、一袋二四〇ポンドの小麦粉の中におよそ四オンスの明礬を混ぜていたようである。明礬のほかには白堊《はくあ》（ごふん）、アンモニアソーダもよく使われており、時にはゆでた馬鈴薯や石粉、石膏、パイプをつくるのに用いる白土、骨粉なども使われていた。骨粉の原産地のひとつが墓地であったことはいうまでもない。

一八一八年、ロンドンのある食品商は、にせものの茶を製造販売していた罪で処罰されている。かれは人を使ってロンドン周辺の生垣から摘みとってきたサンザシの葉を一ポンドにつき二ペンスで買い集めた。それを「紅茶」に仕立てるには、葉をゆでて、鉄板の上で焙じ、手で揉みながら乾燥して縮ませ、色を出すためログウッド（染料）で染めあげた。また「緑茶」に仕立てるには、銅板の上に葉をのせて、上からプレスをかけて乾燥し、有毒な緑青《ろくしょう》などを使って鮮やかな緑色を出したという。このようにして仕上がった偽物の茶は本物と混ぜて一ポンドを三～四シリングで売ったというから、二ペンスのサンザシの葉は、一八～二四倍に売れた勘定になる。しかし、ボロ儲けしたこの食品商は、法廷で八四〇ポンドという多額の罰金を申し渡されたということで

●不純物の混入した不正食品の横行を非難した風刺画（1858,《パンチ》より）

ある。もうひとつ手の込んだやり方は、茶殻を再利用することで、一八四〇年代のロンドンには、そんな再生工場が八つもあったという。業者は人を使ってホテルやコーヒーハウス、大家《たいけ》などから一ポンドにつき二ペンス半か三ペンスで茶殻を買い集めて工場へ持ち込むのであるが、大家の女中にとっては茶殻売りは臨時収入の源泉になっていたという。工場ではそれをゴム溶液につけて、もう一度乾燥する。それを紅茶に仕立てるにはバラ色の顔料や黒鉛、紺青、うこんを使って着色した。化学者の分析によると、炭酸銅やクロム酸鉛のような有毒物も使われていたようである。

コーヒーの場合、一八四〇、五〇年代には本物の純コーヒーは売られていなかったようである。混ぜもの用としては豆類とか乾燥した植物の根を挽いたものなどが使われたようだが、もっともふつうに代用されたのは、オランダやベルギーから輸入されたチコリ（きくぢしゃ）である。純コーヒーと称するものでも二五パーセントはチコリが入っているのが常識であったという。チコリの葉はサラダなどに用いられ、コーヒーの代用になったのは根の方である。当時、ドイツやフランスでは便通剤、利尿剤として用いられており健康には無害であったので、コーヒーよりずっと安いチコリが四分の一程度混入されることは、むしろ一般の歓迎するところであったという。ただチコリ入りのものを純コーヒーと称して売ることは認めがたいので、混入率を表示させるか、それぞれを別々に売らせてはどうかという意見もあったが、実現されなかったようである。

ビールもモールト（麦芽）とホップから醸造した本物ばかりではなかった。醸造所でも酒屋の地下室でも、税務署員の目の届かないところであの手この手が試みられていた。高いホップの代用には各種の安価な苦味剤が広く用いられていた。これらは無害であったが、泡をたてるために添加された緑礬（硫酸鉄）は有害であったし、アルコール効果を強めるために一部の業者が用いていた「つづらふじ」の干した実には毒性の強い物質が含まれていた。また酒屋は古くなり酸っぱくなったビールには、カキ殻から作った調合剤や苦味液を入れて再生をはかったということである。

以上のような、インチキ食品の横行によって特に問題になったのは、第一に栄養価の低下である。水っぽい牛乳や混ぜものを入れたパンやオートミールは、一九世紀初期を特徴づけた流行病や短命、特に高率の幼児死亡率に間接に影響を与えたかもしれない。パンに使われた明礬は有毒ではなかったが、それが消化を妨げ栄養価を下げたことは明白で、水っぽい牛乳とあいまって、ヴィクトリア朝の貧民の貧弱な体格と何らかの係わりがあったことは十分考えられることである。第二に有害添加物が健康を害したことである。たとえば、ビールやラム酒の中の「つづらふじ」の実、漬物や瓶詰果物など保存食品の中の硫酸銅、からし粉やかぎタバコの中のクロム酸鉛、コーヒーやビールの中の硫酸鉄、キャンデーや糖果のなかの炭酸銅・石炭酸鉛・硫酸第二水銀その他の鉱物性着色剤などがあげられる。飲食物に含まれた有毒物質はごく微量でただちに症状が現われたわけではないが、体内に鉛、銅、水銀、ヒ素などが蓄積されたことは間違いない。慢性胃腸病は一九世紀初期の都市人口の間でもっとも多い病気のひとつであったというが、有害添加物の急増がその一因ではなかったかといわれている。もちろん最大の被害者は安い食品を求める大衆である。しかし、インチキ食品に対する大衆の非難は、初めは誇張・偏見とうけとられ、ほとんど信用されなかった。人びとに初めて食品公害の恐ろしさを知らせたのは、一八二〇年に公刊された『不純食品と料理の毒性』であって、高名な化学者フレデリック・アクムによる冷静な化学分析の結果を知って人びとは愕然とした。政府は実態調査に乗り出し、議会の任命した専門委員会によって膨大な報告書が提出された。その最初の結果が一八六〇年に制定された「不純食品取締法」であった。この法律に基づいて、地方自治体は市民から苦情のでた飲食物を分析する専門の検査官をおくようになったのである。

豊かな食生活へ

一八五〇〜七〇年のころのイギリスは好況期であった。労働需要は活発で、食品価格も騰貴したが、貨幣賃金がそれを上回ったため、大部分の労働者にとっては、初めてわずかながらも暮らしにゆとりがでてきた。その上、鉄道網の普及によって、都市の労働者階級にもさまざまの食品が届くようになった。しかし食生活においてもっとも著しい向上がみられるのは一八七〇年以降である。一九世紀末の四半世紀、一八七三〜九六年を歴史家は「大不況期」と呼んでいるが、この時期には輸送手段と食品保存技術の進歩によって、海外から安い冷凍肉や小麦、果物、砂糖などが大量に輸入され、マーガリンやジャム、コンデンス・ミルクが登場し、労働者の家庭においても、初めて食べ物を選択できる時代が訪れたのである。

たとえば肉は従来からも主としてアメリカから生きた肉牛として、また缶詰や塩漬その他の貯蔵肉の形で輸入されていたが、それが新鮮な肉として国際貿易品となるためには冷凍技術の開発をまたねばならなかった。冷凍技術が進んで、冷凍肉が初めてイギリス市場に入ってくるのは一八八〇年代のことで、一八八〇年にオーストラリア、八二年にニュージーランドから、八三年になるとアルゼンチンからも入ってきた。このころから肉は大幅に値下がりして、消費は格段に伸びることになる。たとえば、ジェイムズ・ケアードは一八八〇年の著作の中で、「三〇年前には週一回以上動物性食品を消費した者は国民の三分の一を出なかったであろう。ところが今日では、国民のほとんどすべてが日に一回は肉かチーズかバターの形でそれを食べている。このことがこの国の動物性食品の平均消費量を二倍以上にした」と書いているが、一八九九年に、P・A・グレイアムは「四〇年前にはパンとチーズを食べた者が、今日ではチョップ（厚切り肉）を求めている」と述べており、一九世紀後期には肉や酪農品を食べることが、労働者の家庭においても日常化したことを示唆している。

以上のように一九世紀末までに大衆の食卓はしだいに豊かになってきたが、各種の食品工業が盛んになり、工場で大量生産されたさまざまの食品が食べられるようになるのは第一次大戦後のことである。一例としてチョコレートをとりあげてみよう。新世界からヨーロッパにもち込まれたチョコレートがイギリスに入ってくるのは一七世紀のことで、ロンドンの「チョコレート・ハウス」で飲物として売り出された。一六五七年、ロンドンのクイーンズヘッド街にフランス人が開いた店がその第一号とされており、エレガントでファッショナブルな味と香りを楽しませるチョコレート・ハウスは、間もなくエリートの集まる憩いの場所として知られるようになった。

その後、チョコレートの消費は有害論者の警告——人をむやみに興奮させ、脳卒中の原因をつくる――をよそに着実に伸びて、カカオ豆の輸入は高率の関税にもかかわらず年を追って増えていった。しかしチョコレートが飲物でなく、板チョコのような固型の食べ物になるのは一九世紀に入ってからで、イギリス最古のチョコレート・メーカー、フライズが製造を始めるのは一八四〇年代のことであり、カドベリ兄弟商会が、カカオバター、砂糖、牛乳を原料としたミルクチョコレートを売り出すのは一八七九年であった。それまではカイエやネッスルのようなスイスのメーカーがイギリス市場を独占していたのである。したがって一九世紀末期になるまで、ミルクチョコレートは庶民の口には入らない贅沢品であり、高嶺の花であった。食品工業技術が進歩し、戦時に海外でその味を覚えて帰った軍人の影響もあって、チョコレートが庶民の間に広まっていくのは第一次大戦以後のことであった。

イギリス人の食生活は二〇世紀が進むにつれて、もう一度大きな変化を経験する。生活のテンポが速くなり、所得水準が向上したうえ、仕事のパターンも変化したので、食事の「簡便さ」が好まれるようになるのだ。そして第二次大戦後は「クイック・フローズン」「フリーズ・ドライド」「レディメイド」「インスタント」などの言葉で象徴される色とりどりのコンビニエンス・フーズ（簡便食品）が登場し、食品店の店頭を飾るのである。

4

病気の社会史

――工業化と伝染病――

病気はおよそ社会史のもっとも重要な研究対象の一つであるといっても、おそらく誰にも異存はあるまい。古来、人びとは、戦争と不慮の事故によるのでなければ、まずたいていは病死をもってその生をまっとうするのが常であった。そういう意味で、人びとは、生をまっとうするためには、衣・食・住と同様、病気もまた避けて通ることができないのである。

というようなわけで、人類の生活が激変した工業化時代の一九世紀西欧社会史においても、病気の問題は重要な研究テーマとならざるをえない。とくに一九世紀のイギリスは、人類がはじめて経験した最初の工業化社会であった。全国各地に発生して急激に膨張をとげた工業都市は、新手の伝染病として登場したコレラの格好の襲撃目標となり、一九世紀の前半には、あたかも伝染病の温床のごとき観を呈した。また一九世紀は、フランス革命を契機に、医学がしだいに科学に基礎づけられるようになり、それまで病気、とくに伝染病にたいしてまったく受身であった人類が、積極的にその克服に立ち向かうようになった時代でもあった。だが、その道程ははなはだ曲折に満ちた、文字通り試行錯誤の過程で、一八七〇年代以降になって成就される死亡率の著しい全般的低落は、必ずしもそのすべてが科学としての医学の業績によるものではなかった。この点は今日、往々にして誤って理解されており、本章においては何よりもこの間の経緯を明らかにしたいと思う。

つぎにもう一点、病気の社会史を扱うにあたり、人口統計、とくに生命統計 vital statistics の持つ重要性についてあらかじめのべておく必要がある。生命統計というのは、平たくいえば出生（率）と死亡（率）にかかわる各種統計のことであるが、ある病気、とりわけ伝染病の当該社会に与える影響を知ろうとする場合、この種の統計数値の有無が決定的な意味を持つことになるのは、思うに自明のことといってよかろう。そしてこの点、幸いなことに、一九世紀のイギリスは統計においても先進国の部類に属し、一八〇一年から一〇年ごとに国勢調査がおこなわれるようになっただけでなく、一八三六年に一つの法律（登録法）が成立して、中央に結婚・死亡登録局が設置され、一八三八年以降、全国的な出生率と死亡率が公式に計測されるようになっていた。また、それ以前の時期についても、各教区が一八世紀この方、洗礼・結婚・埋葬の記録を保持してきており、加えて一八世紀には、地域によっては早くも各種の統計が取られるようになったこともあって、それなりの推測を立てるのも不可能ではない。それゆえわたくしたちも、一八、九世紀における人口・生命統計の基本的な数値を、まずおさえることから始めることにしよう。

なお生命統計といっても、以下においては出生率ではなく、主として死亡率が問題となる。これは本章が伝染病の社会的影響（つまり死亡）をその主題としているからで、このことはあらためていうまでもあるまい。

工業化と死亡率

産業革命以後一九世紀の末葉にいたるイギリス（といってもイングランドとウェールズ）の人口動態を通観してまずわかることは、この国の人口がこの間、年一・〇〜一・五パーセントの比率で着実に増加し、一八〇一年に九一〇万ほどであったものが、一九〇一年には三三〇〇万と、じつに一〇〇年前の三・六倍に達しているという事実であろう。ところで、このように人口が着実に増大した理由は、もちろんこの期間を通じて出生率が常に死亡率を上まわったからであるが、それではいったい、この出生率と死亡率のうち、どちらが多く一九世紀の人口増加に貢献したのかということになると、一九世紀の前半、とくに一八三六年の登録法成立以前の時期については、残念ながら確たることはいいえない。だが死亡率の推移については、それが一七三一〜四〇年をピークに、以後、一七七〇年代に一時わずかながら上昇した以外、一八二〇年にかけて終始低落しつづけたことが知られており、これがこの時期の死亡率の通説となっている。この通説によると、一七三一～四〇年の人口一〇〇〇人当たりの死亡率は三五・八人、一七五一～六〇年は三〇・三人、一七七一～八〇年は三一・六人、一七九一～一八〇〇年は二六・九人、一八一一～二〇年は二一・六人であった。つまりイギリスでは、産業革命の開始とほぼ時を同じうして死亡率が低下するようになり、人口の増大が始まったのである。だが、このはなはだ興味深い現象の説明は今はさておくとして、この際わたくしたちが注目しなければならない問題点は、こうして一七三〇年代以降一八二〇年にかけて、まずは一貫して低落してきた死亡率が、一八三〇年代に再び上昇傾向に転じ、その後しばらく横ばいを続けた、という事実であ

図1　年間死亡率の推移　1841-90（人口1000人当たり）

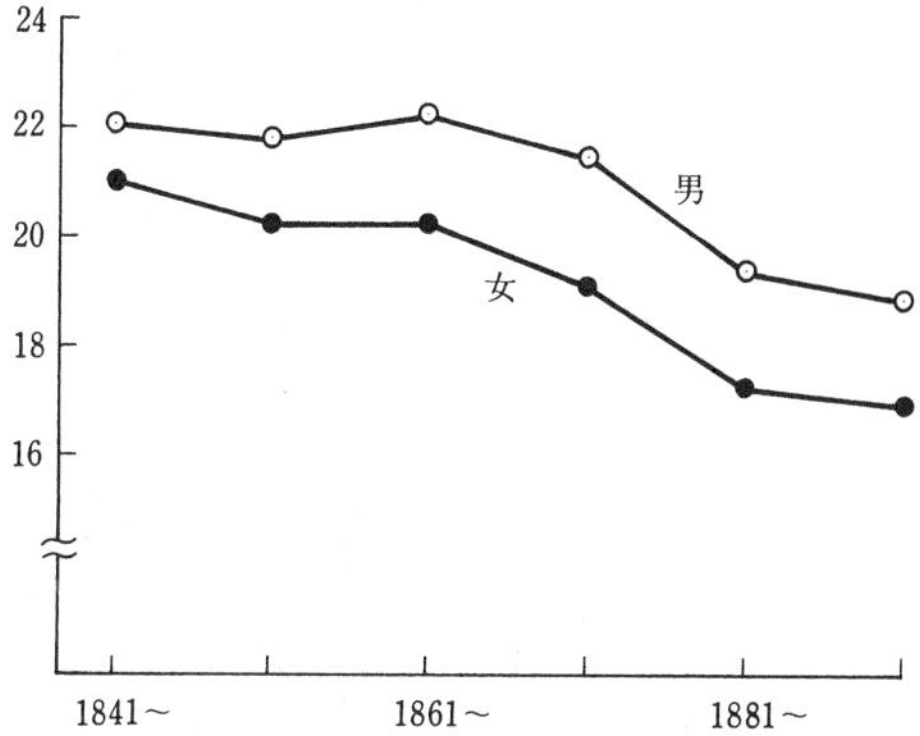

（典拠）T. McKeown and R. G. Record, 'Reasons for the Decline of Mortality in England and Wales during the Nineteenth Century', *Population Studies*, 16, 1963

ろう。すなわちより具体的にいうと、イングランドとウェールズの人口一〇〇〇人当たりの死亡率は、一八三一～四〇年には二三・四人と増え、以後図1も示すように六〇年代まではあまり下がらず、七〇年代からやっと明白に下がり始めるという経過をたどったのである。そして、この一八三〇年代以降における死亡率停滞の背後には、工業化の進展とともに拡大した工業都市の不衛生な生活環境があったのであった。

工業化の進展に伴う社会の変化は、何にも増して工業都市の発達となって現われた。産業革命の始まった一八世紀の中葉には、人口七〇万を擁した大ロンドンをのぞいて一〇万都市は一つもなかったが、一八三〇年ごろにはマンチェスター、リヴァプール、バーミンガム、リーズ、ブリストル、グラスゴー、エディンバラの七都市が一〇万を突破、なお急速に人口を増やしつつあった。これら諸都市の急増した人口の圧倒的部分は、いうまでもなく労働者階級で、かれらは工業都市が提供する各種の雇用口を求めて近隣の農村諸州から流入してきたのであったが、かれらの都市での生活は、今日のわたくしたちの目から見るなら、概しておそろしく不潔で悲惨この上ないものであった。だいたいそこそこに健全な都市生活というものは、ある一定の基本的な諸条件なり諸施設が整えられてはじめて成り立つものだといっていいと思う。たとえば、住民が所帯ごとにそれなりの住居を持つことができ、上水と下水が区別されていて、身近なところにきれいな上水があり、一応の下水設備が整っているとか、日常生活に困らない程度に私的にも公共的にもトイレが設備され、生活の排泄物、塵芥などが社会的に処理されるようになっているとか、さらには、とくに労働者の場合、かれらが最低人間としての生活を営みうるように、一定の労働条件が社会的に確保されているとか、といったことは、まずは絶対不可欠な条件といってよい。だが、一九世紀の初頭に成立してきたイギリスの工業都市は、いうなれば工業化と都市化の赴くままにただ自然に形成されたといった趣きを持っており、今のべたような都市生活に基本的な諸条件と諸施設は、ほとんどまったく配慮されていなかった。というのも、イギリスの産業革命と工業化を推進した支配階級とブルジョワジーの思想は、少なくともその初期の段階では、例の自由放任主義一辺倒であったといってよく、そこからは今日いうところのシビル・ミニマムを社会全体として確保するために国家権力が社会・経済活動に干渉すべきだという考えは出てこなかったからである。なるほど工業化の推進力となったブルジョワ階級は、金持ちであったから、都市生活の基本的諸条件を自分の費用で自分なりに満たすことができた。実際かれらはどの工業都市においても、山の手の一等地なり空気のきれいな郊外に居を構えて、しょうしゃで独自の住宅街を形成するのが常であった。だが、元来所得の低い大多数の労働者が、居住に必要な社会的投資をおこなうなどということはまったく無理な話で、こうしてかれらは、資本家と建築業者が金儲けのために建てた「安上がりの住宅」の中に押し込められ、上下水道もトイレも完備しない下町の労働者地区（＝スラム街）に密集して生活しなければならないことになった。また労働者の職場での労働条件も、今日のわたくしたちの目から見ればきわめて苛酷なもので、一日一四、五時間労働が普通であった。加えて工場・鉱山（炭坑）の労働に女性といたいけな児童が大量に動員されていたことも忘れられてはならず、かれらは格安な賃金で無慈悲なまでに酷使された。だが以上にのべたような都市労働者階級の不衛生きわまりない生活環境と恐るべき労働条件については、すでに同時代の名著、フリードリッヒ・エンゲルスの『イギリスにおける労働階級の状態』（一八四五）以下幾多の紹介がなされているので、ここではもはやこれ以上に立ち入る必要はあるまい。ただここで必要なのは、一九世紀イギリスの伝染病と人びとの健康について考える場合、今のべたような都市労働者階級の生活状態を念頭に置いておくことが不可欠だということである。そこでここでは、工業都市における労働者階級の死亡の確率が、他の地域、たとえば農村と比べて、また他の諸階級と比べていかに高かったかを若干の数値を挙げて確認しておくことにしよう。

●ロンドンの貧民街（ギュスターヴ・ドレ　1872）

チャドウィックの衛生改革

左の表1はエンゲルスの『イギリスにおける労働階級の状態』と並んで有名なエドウィン・チャドウィックの『イギリスの労働人口の衛生状態に関する報告書』(一八四二)にもとづいて作成したものである。この表は、典型的な農業地域として、イングランドでは最小のラトランドシャーとイングランド南部にあってソールズベリ平原を含むウィルトシャーとを、また工業地域としてマンチェスター、リヴァプール、ボルトン(マンチェスターの北東に近接する工業都市)、リーズ、ベスナル・グリーン(ロンドンの一市街地域)を取り、それぞれの地域における死亡者の平均年齢を三つの階層ごとに示してある。この表から、工業都市ないし工業地域における労働者階級の死亡の可能性がいかに高かったかは一目瞭然であろう。もっとも、その死亡者の平均年齢一五〜一九歳というのは、あまりにも低すぎると感じられる向きもあるかもしれないが、これはその中に生存率五〇パーセントという異常に高い工業地域での幼児死亡者(零歳から四歳まで)が含まれていることによっている。ちなみに一八四一年のイングランドとウェールズにおける一〇〇〇人当たりの幼児死亡率は、零歳児一五〇、一歳児六六、二歳児三五、三歳児二五、四歳児一八であった。一〇〇〇人当たり二一〜二二という一般男女の平均死亡率と比べるとき(図1参照)、とくに零歳児の死亡率がいかに

表1　地域別・階層別に見た死亡者の平均年齢

	ジェントルマンの家族	職人・商売人の家族	職工・労働者召使いの家族	備考（調査年）
ラトランドシャー	52	41※	38	1837
ウィルトシャー	50	48※	33	1840
マンチェスター	38	20	17	1837
リヴァプール	35	22	15	1840
ボルトン	34	23	18	1839
リーズ	44	27	19	1839
ベスナル・グリーン	45	26	16	1839

※　農民・酪農家とその家族を含む

高かったかが知られるであろう。

ところで、今のべた『イギリスの労働人口の衛生状態に関する報告書』の著者エドウィン・チャドウィックは、その後約四〇年にわたって展開されたイギリス衛生改革の狼煙を上げた人物としてイギリス史上有名である。かれはこの報告書を議会に提出する一方、一万部をひろく一般に無料で配布して都市労働者階級の劣悪きわまりない不衛生状態を世間に暴露し、自由放任主義の支配的な世論に挑戦した。そして、かれの果敢な挑戦は一応の成果をおさめ、一八四八年に公衆衛生法が成立、同時に中央保健局が枢密院内に置かれて、かれはその局長となった。だが、全国の都市に下水設備を施し、人口の過密状態をなくしてスラム街を一掃するという衛生改革の仕事は、莫大な費用と人手を要する社会的な大事業であり、とても一朝一夕には片づかなかった。とりわけ衛生改革の直接の推進者とならねばならなかった地方自治体当局は、自由放任主義をその習慣的な施政方針としており、地方税の増額を前提とする衛生改革事業にはどうしても消極的であった。こうしてロンドンをはじめとして、イギリス主要工業都市で衛生改革がその一応の実を挙げるようになるまでには、一八四八年の公衆衛生法以後約一世代の歳月を要したのである。そしてすべての研究者が認めているように、一八四〇~六〇年代のイングランドとウェールズの死亡率が一八七〇年代以降と比べてそれほどに下がらなかった一つの理由は、このように衛生改革がスムーズに進行しなかったからであった。

伝染病による死亡率

一九世紀後半における死亡率の減少とある種の病気の死亡率との間には、面白い対応関係のあることが知られている。まず表2を見ていただきたい。この表は、人口一〇〇万人当たりの病因別年間平均死亡率を一八五一年から一九〇〇年の時期につき一〇年ごとに示したものである。この表によって、一九世紀の後半に死亡率の低下が見られた病気を死亡率の高い順にいうと、㈠結核、㈡下痢・赤痢・コレラ、㈢チフスなどの熱病、㈣猩紅熱、㈤百日咳、それに㈥天然痘ということになるが、これらの病気はいうまでもなくそのいずれもが、微生

表 2　病因別年間平均死亡率　1851〜1900（100万人当たり）

病　　因	1851〜	1861〜	1871〜	1881〜	1891〜
天然痘	222	163	240	45	13
はしか	412	440	380	440	414
猩紅熱	876	971	720	334	158
ジフテリア	109	184	120	163	263
百日咳	504	528	510	450	377
下痢・赤痢	1,080（コレラを含む）	1,076（コレラを含む）	910	659	713
コレラ			30	15	25
発疹チフス	908（3項目合計）	885（3項目合計）	60	14	2
腸チフス			320	196	174
単なる継続熱			110	25	6
肺結核	2,679	2,475	2,126	1,731	1,391
その他の結核	789	767	753	701	621
神経系の病気	2,740	2,785	2,770	2,592	2,171
循環器系の病気	1,247	1,349	1,310	1,576	1,657
呼吸器系の病気	3,020	3,365	3,760	3,729	3,409
消化器系の病気	1,004	981	980	1,104	1,193
泌尿器系の病気	214	298	390	435	461
その他の原因	6,361	6,148	5,781	4,871	5,146
計	22,169	22,415	21,270	19,080	18,194

（典拠）T. McKeown and R. G. Record, 'Reasons for the Decline...', 1963

物の感染にもとづく伝染病であった。ということはつまり、イギリスの一九世紀後半における死亡率の減少は、主としてこれらの伝染病における死亡率の低下にもとづいている、ということなのである。つぎの図2は、このことをさらに確認するためにつくられたものである。それぞれの棒グラフは、一九世紀後半について、一〇年ごとに一〇〇万人当たりの年間平均死亡率を表わしているが、そのうち黒い部分は伝染病の死亡率（先に表2にもとづいて挙げた六つの伝染病に、この時期にむしろ死亡率の増えたはしかとジフテリアの数値も加えて計算してある）の占める割合を示している。このグラフから、一九世紀後半における死亡率の減少が、ほとんどまったく伝染病の死亡率の低下によっていることが知られると思う。

それではつぎに、一九世紀の後半にこれら伝染病の死亡率が低下したのは、いったいどのような原因にもとづくものだったのであろうか。もとよりその原因はいろいろと考えられる。従来まず第一に挙げられてきた原因は、この時期における医学上の発見と進歩ということであった。その代表的な例は天然痘の場合で、その死亡率の低下は、まず間違いなく一七九六年のエドワード・ジェンナーによる種痘の発見と、それ以後におけるワクチン接種の普及とによっていたということができる。ちなみにイギリスでは、一八四〇年にワクチン接種法が成立して公費でワクチンの接種がおこなわれるようになり、さらに一八五三年にワクチン接種拡大法が成立して、すべての乳児は生後四ヵ月以内に必ずワクチンの接種を受けねばならないことになった（なお表2によると、一八七〇年代に天然痘の死亡率が急上昇しているが、これは一八七〇〜七三年にかけて天然痘の大流行があり、一五歳以上の、ワクチンの免疫がきれた年齢層がおおぜい罹患したことによっている）。だが、結論としていうならば、一九世紀後半における死亡率低下の原因として医学上の発見と進歩をあまりに高く評価するのは、思うに正しくない。というのも、医学上の発見と進歩が伝染病による死亡率を目に見えて引き下げたという例は、この天然痘の場合ぐらいのもので、しかもその天然痘は、表2も示すように、死亡率において第六番目の伝染病でしかないからである。たしかに一九世紀後半、とりわけその七、八〇年代は、西洋医学史上の一大

図2　年間死亡率の推移　1851-1900

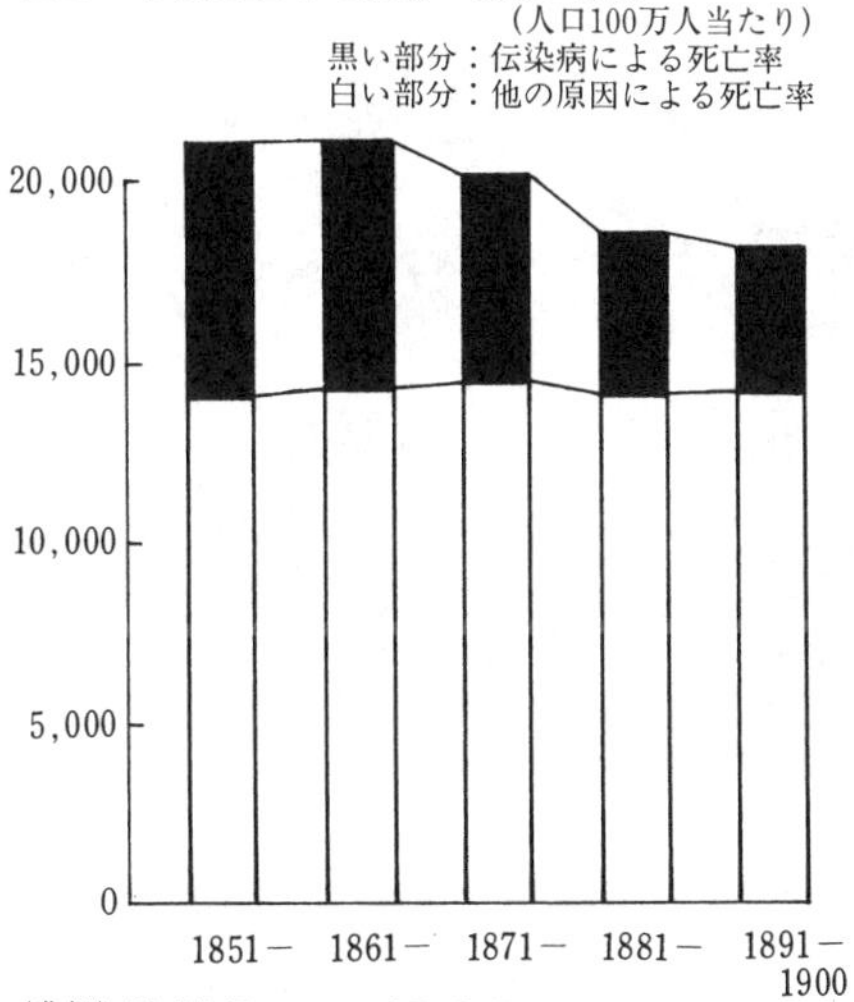

（典拠）T. McKeown and R. G. Record, *op. cit.*

●ワクチンの接種をうけると牛になるという風刺画（1802）

画期ではあった。ルイ・パストゥールとロベルト・コッホの二大巨人が現われ、およそ伝染病が微生物によって引き起こされるということがついに実証されるにいたった。一八八二年に結核菌が、ついで翌八三年にはコレラ菌がコッホによって発見され、以後世紀末から二〇世紀初頭にかけては、各種病原菌の発見ラッシュであった。だがこういった細菌学上の諸発見は、ただちにその病気の治療法の発見につながるものではなく、それゆえその発見がそのまま同時代の死亡率の低下に結びついたとはとても考えられないのである。たとえば結核についていうなら、一八八二年にその病原菌が発見されて以後、それにたいする有効な治療法が確立されるまでにはなお約七〇年の歳月が必要であった。イギリスで結核にたいする有効な化学療法が導入されるようになったのは、第二次大戦後の一九四七年のことであり、BCGワクチンが接種されるようになったのは、一九五〇年代になってからであった。

では、一九世紀後半の伝染病による死亡率の低下に貢献した原因としては、ほかにどのようなものがあったのであろうか。医学史家たちは、第二の原因として、ある種の伝染病については、この時期にいたって病原菌の毒素が相対的に弱まった、ないし人間の病原菌にたいする抵抗力が強まったことが考えられるとしている。そして、かれらのいうところによるならば、一九世紀後半に死亡率が低下した病気の中では、猩紅熱がまさにその場合であった。トーマス・シデナム（一七世紀イギリスの名医として名高い）の記述によると、猩紅熱は一七世紀の後半にはいたって穏やかな病気であった。だがその後、猩紅熱の毒素が四回、周期的に強まった時があり、一八世紀の末葉と一九世紀の中葉はその時期にあたった。とくに一八六三年ごろの事態は最悪であったといわれる。だが、一八七〇年代ごろからその毒素は弱まり始め、二〇世紀の今日、この病気はシデナムの時代と同様すっかり穏やかなものとなってしまった。といった次第で、一八六〇年代以降における猩紅熱の死亡率の低下（表2参照）は、今日の医学史家たちによるならば、すぐれて病原菌自体における毒素の減退によって起こったのであった。

生活環境の改善

さて以上で天然痘と猩紅熱については、一応その死亡率低下の原因が明らかになったと思う。だが問題は何といっても、その死亡率がこれらの病気よりはるかに高かった結核、チフスなどの熱病、それに下痢・赤痢・コレラの三大伝染病群の場合であろう。そして、ここにいたってわたくしたちは、一九世紀後半における死亡率低下の最大の原因に行き着くことになる。それは今日の通説に従うなら、すぐれてこの時期における人びとの環境の変化、とりわけ労働者階級の生活環境の改善によるものであった。その改善の内容は大きくつぎの二つからなっているといいうる。すなわちその第一は、工業化の進展の中で労働者階級の全般的な生活水準が著しく向上したこと、第二は、すでに指摘した衛生改革が遅々たる歩みながらとにもかくにも進展した、ということであった。

一九世紀の後半に、労働者階級を含めてイギリス人全体の生活水準が著しく向上したことは疑いをいれない。労働者階級の貨幣賃金は、この時期を通じてほぼ一貫して上昇した。一方、物価は七〇年代までは緩慢な上昇傾向を示したものの、その後「大不況」の到来の中で急激に下落し（しかも、とくに下がったのが食料品であった）、それゆえ労働者の実質賃金はかつてないほどに高騰した。くわえて七〇年代から九〇年代にかけての時期には、牛乳の消費が伸びる一方、南北両アメリカから雑穀、ラード、チーズ、ハム、ベーコンといった食品が安くしかも豊富に輸入されるようになり、かくして一般大衆の消費と食生活の地平は、かつてない拡大を見た。そしてこうした状況の中で労働者階級の栄養状態が改善され、とくに結核の死亡率が、七〇年代以降急速に低下することになったのである。

なお、これは念のために一言しておくのだが、このように一八七〇年代以降、労働者階級の全体的な生活水準が著しく向上したからといって、イギリスの社会から貧困がなくなってしまった、などと考えてはならない。いやそれどころか、一九世紀の末葉は、チャールズ・ブースによるロンドンの労働者階級の調査、さらにはシーボーム・ラウントリによるヨークの労働者階級の調査によって、改めて下層社会の貧困が注目を集めた時でさえあった。だが、この一九世紀末の貧困労働者層も、五、六〇年前の一八三〇〜四〇年代の貧困労働者層と比べるなら、その物質的な生活水準が格段に上昇していたことは疑いのないところで、この両者の生活水準の差が一九世紀後半の死亡率、とりわけ結核の死亡率の低下となって現われたのであった。

つぎに労働者階級の栄養状態の改善と並ぶ衛生改革の進展も、死亡率低下のきわめて重要な原因であった。とくに下痢・赤痢・コレラ、それにチフスなどの熱病の二大伝染病群における死亡率の低下は、その病気の性質からして、すぐれてこの衛生改革の所産であったと考えてさしつかえあるまい。

そこでまずチフスなどの熱病についてだが、一九世紀の前半においては、発疹チフスと腸チフス(それにパラチフス、さらには回帰熱までも)は相互に区別されず、そのすべてがチフス熱ないし継続熱として分類されていた。だが世紀の中葉から、とくに熱病死亡者の解剖検証を通じて、小腸を冒される腸チフスとすぐれて皮膚の発疹に特徴を示す発疹チフスが区別されるようになり、一八六九年から別々の病気として登録・表記されるようになった。この二つのチフスのうち、発疹チフスは、その患者がいつもスラム街の貧困・欠乏・過密の中から生まれたので、一般に「貧民の病気」として知られたが、その死亡率はその数値が確認される一八六九年以降そう高くはなく、八〇年代からさらに減少して二〇世紀初頭にはほとんど消滅してしまった(表2参照)。そして、この病気が消滅していったのは、一つには生活水準の向上によって労働者が木綿の下着を着用するようになっていったからだが、より大きな理由は、衛生改革の進展によって清浄な上水が供給されるようになり、洗濯、入浴の頻度が増えたこと、またスラム街が漸次取り壊されていって、労働人口の過密状態が少しずつ緩和されていったからであった。ちなみにC・ニコルが発疹チフスの媒体である衣じらみをつきとめたのは、この病気がほとんどなくなった一九〇九年のことであった。

つぎに下痢・赤痢、腸チフス、コレラが問題である。これらの病気はいずれも消化器官の病気で、口からはいるもの、とりわけ飲料水の汚染によって伝染するのがその特色であった。それゆえこれらの病気における死亡率の減少は、挙げて衛生改革の眼目的事項である、上下水道設備の普及によっていたといいうる。また実際この種の衛生改革は、次節にものべるように、この種の消化管系の病気が上下水道の不備・不完全、さらにいえば、人間の排泄物が各所に堆積されて社会的に処理されず、それが飲料水を汚染しているという認識にもとづいて始められたものであった。だが、市民生活に不可欠な飲料水を細菌の汚染から防ぐ

●共同水道に並ぶ

ということは、たいへんな難事業で、ある地域で部分的に上下水道の設備ができたからといって、それで解決がつくものではなかった。病気の正体については、一八八〇年代以降世紀末にかけて、コッホ(コレラ菌)、K・J・エーベルト、G・ガフキー(腸チフス菌)、志賀潔(赤痢菌)などの医学者の努力によってその解明が進んだ。だが凶悪きわまりない細菌は、往々にして澄みきった水底にひそみ、いつまでも生き続けた。こうして、とくに下痢・赤痢、腸チフスによる死亡率は、発疹チフスの場合ほどには急激に下がらず(表2参照)、その撲滅はなお将来の課題として二〇世紀に持ちこされることとなった。

「生きた伝染質」と毒気説

一九世紀の伝染病について論ずる場合、思うに「接触伝染」説と「非接触伝染」説ないし毒気説の対立という問題は、どうしても避けて通ることができない。今日わたくしたちは、およそ伝染病というものは、すべて微生物によって引き起こされると皆承知している。だが、このことが科学的に実証され、広く一般に認められるようになったのは、すでにのべたようにやっと一八八〇年代になってからのことで、それまでの人びとは、医師・医学者を含めて、伝染病の科学的根拠を持つことができなかった。だが人びとは、たとえば中世来一八世紀にいたるたび重なるペストの流行などの経験を通じて、この世の中には各種の伝染病があることをよく承知しており、その治療のためにも、またその伝播を阻止するためにも、伝染病の原因について何らかの仮説を立て、そこから出発することが不可欠であった。こうして大きくいって、「接触伝染」説と「非接触伝染」説という二つの立場が生まれることになったのである。

そこでまず「接触伝染」説だが、ここでいう接触伝染とは、contagionism という当時いわれた原語をそのままに訳したもので、日本語でたとえば空気伝染にたいして接触伝染という場合の接触伝染とは一応関係がない。ではいったい「接触伝染」説とはどのような内容のものであったのかというと、それは要するに、伝染病は「生きた伝染質」によって引き起こされるという考え、すなわち細菌伝染説のことであった。その意味でこの「接触伝染」説は、今日の医学知識に照らしてまったく正しいものだったのである。だが一九世紀、とりわけその三〇年代から六〇年代にかけては、この説を採る学者は少数派に属し、この立場を初めから最後まで貫いたのは、一九世紀のドイツ医学界を代表するヤコブ・ヘンレ（R・コッホの師）、イギリスでは後述のジョン・スノウ、ウィリアム・バッドといった少数の人びとであった。

これにたいしもう一方の「非接触伝染」説は、anti-conismの原語を訳したもので、今のべた「接触伝染」説を認めないすべての立場を指す言葉として用いられた。だが一九世紀においては、その中で毒気説が積極的な最有力学説となり、「非接触伝染」説といえばまずたいていはこの毒気説のことであった。この説は、その毒気miasmaという言葉からも知れるように、およそ伝染病の原因を死体、汚物、塵芥などの腐敗物、さらには淀んで腐った河川、沼、湿地などの発する毒気として捉え、人がそれを吸い込むなり、それに触れるなりした時に病気が起こると理解するものであった。この説は、むろん現代の医学知識に照らすなら正しくなかったのだが、皮肉なことに、これが一九世紀、とりわけ一八三〇～六〇年代の多数派学説であった。それゆえ当時の著名な医学者・医事論者の多くがこの説を支持したが、とくにイギリスにあっては あの衛生改革を指導したE・チャドウィック、それにこれも有力なサウスウッド・スミスと

●テムズ川から飲水を汲む

いった人びとが、この「非接触伝染」論者であった。つまりイギリスの衛生改革は、「非接触伝染」説という誤った仮説から出発したきわめて建設的な社会改革だったのである。

つぎにもうひとつ、この二つの学説の間にあって、この両者をいうなれば折衷した第三の立場ともいうべきものがあった。この説は伝染病の原因として「生きた伝染質」ないし「化学的な伝染質」の存在を一応認めるが、その伝染質が機能する前提としてその場の空気（＝毒気）とか社会的な条件とかを重視するもので、たとえばE・チャドウィックの後をついで五〇年代後半以降、衛生改革を指導したジョン・サイモンはこの立場であった。このむしろ「非接触伝染」説に近い第三の立場も、現実的であるだけにきわめて有力であった。

実証主義と自由貿易

さてこのように一九世紀、とりわけ一八三〇年代から六〇年代の時期については、今日から見れば誤りの「非接触伝染」説が「接触伝染」説を抑えてきわめて優勢であった。だがこの状況は、それに先立つ一八世紀、さらには近代前期における伝染病学説の状況を検討する時、じつはきわめて特異なものであったことが明らかとなる。というのも近世初期から一八世紀、さらには一九世紀初頭にかけては、「接触伝染」説がほぼ一貫して優勢を保ってきており、「非接触伝染」説は概して少数派であったからである。

西洋医学史の通説に従うなら、「接触伝染」説、すなわち細菌伝染説の考えは、一五四六年にヴェロナの医師ヒエロニムス・フラカストリウス（イタリア名、ジロラーモ・フラカストーロ）によってはじめて体系的に打ち出された。その後この仮説はもとより浮沈はあったが、一七世紀には顕微鏡の発達による各種の「虫」の発見、さらには何回かのペストの大流行（一六六四〜六六年のイギリスでの流行、一七二〇年のマルセイユでの流行はとくに有名）の中で大方の支持を集め、一八世紀の末葉へといたった。だがこの説は、一九世紀にはいると急に人気を失い、一八三一〜三二年の全西欧的なコレラの大流行の中で完全にその地位を「非接触伝染」説に明け渡し、以後一八六〇年代にいたるまでその劣勢を挽回することができなかった。こうして一八三〇〜七〇年にいたる時期は、「非接触伝染」説の史上空前の優勢期となったのである。ではいったい、どうしてこういうことになったのであろうか。これは興味ある問題といえよう。

一八世紀末葉から一九世紀の初頭にかけて、「接触伝染」説が「非接触伝染」説にとってかわられる最初の契機となったのは、この時期に各地で流行した黄熱病であった。中でも史上よく知られているのは、一七九三年におけるアメリカのフィラデルフィアでの大流行だが、ヨーロッパでは、一九世紀の初頭にアフリカに近いイベリア半島でしげく流行し、折からナポレオン戦争でこの地に軍隊を派遣していたフランス、イギリスの軍医・医師たちの関心を強く引きつけることになった。この伝染病は、後世明らかにされたように、その病原菌が蚊によって媒介される点にその特色があったが、もとより当時は、そのことはまったくわからず、その伝染の状況は、人から人へ病原菌が移るという「接触伝染」説をもってしては、とても説明しつくすことができなかった。こうしてアメリカにおいてもヨーロッパにおいても、まず黄熱病の治療と研究に従事した医師たちが、「接触伝染」説の非実証的性格に改めて気づくようになり、以後しだいにこの学説は、大方の医学者の目に、二〇〇〇年来の古臭い仮説と映るようになってしまったのである。ではどうして医学者たちは、この時期にいたって、「接触伝染」説を古臭い仮説と思うようになったのであろうか。ただちに考えられる一つの理由は、一七八九年のあのフランス革命を遂行した実証的科学的精神が、医学者たちの間にも少しずつ浸透していったということであろう。実際この一八世紀末から一九世紀初頭にかけての時期は、西洋医学史上「パリ学派」といわれる人たち（X・ビシャー、R・ラエネック、P・ピネル、J・コルヴィザールなど）によって実証主義が病理学の基礎となった、そういう画期的な一時代であった。だが、よく考えてみれば、この実証主義の医学への浸透ということも、「接触伝染」説から「非接触伝染」説への転換というこの時期の気流の変化を、必ずしもよく説明するものではない。というのも、実証を欠いていたという点では、「非接触伝染」説（＝毒気説）もまた選ぶ所はなかったからである。そこでわたくしたちとしては、この実証主義以外にさらに第二の理由を探究しなければならないことになるのだが、このことはそうむずかしいことではなく、その理由はたしかにあったのである。それはほかでもない、検疫制度の存在であった。近世の初期以来、優勢を保ってきた「接触伝染」説は、その間にその仮説の上にこの政治的・国家的法制を生み出し、それと不可分に結びついて一九世紀へといたっていたのである。

西洋では検疫は quarantine（イタリア語 quarantina、フランス語 quarantaine、ドイツ語 Quarantäne、四〇を意味する）といわれるが、これは、その昔、疫病流行地から来航した船が四〇日の停船（＝船荷・乗客・船員の隔離）を課せられたことに由来している。ところで、イギリスにおいて、この検疫が国の制度として法制化されたのは一七〇九年のことで、以来、主としてペストと黄熱病に備えて枢密院がその実施に当たってきた。だがこの制度にたいしては、一八世紀の末葉以来不満が表明されるようになり、まず先にのべた黄熱病の研究者が、これを誤った仮説に立脚した無益有害な制度として攻撃するようになった。だが、この制度があるために、疫病のたびごとに大きな損害を被ったのは、誰よりも貿易商人を先頭とするブルジョワ階級であったのはいうまでもあるまい。この階級は、周知のとおり、産業革命以降の工業化の中で、急速にその勢力を増大させつつあったが、かれらがしだいに検疫制度をかれらの経済発展の桎梏と感じるようになっていったのは、きわめて当然のことであった。つまり、一八世紀末葉から一九世紀初頭にかけての「接触伝染」説から「非接触伝染」説への転換の背後には、自由貿易を主張するブルジョワ階級の強力な圧力があったのである。こうして実際一八二五年に、イギリスの検疫規制は、このブルジョワ階級の圧力によって、その期間・罰則とも大幅に緩和されることになった。だが、より大きく、かつ決定的な衝撃が一八三一〜三二年に加えられた。それは一九世紀最初のコレラの襲来であった。

コレラの大流行と細菌学の時代

コレラは一九世紀を代表するもっとも衝撃的な伝染病であった。その人心に与えた影響がいかに大きかったかは、一九世紀の伝染病に関する史料の中で、コレラ関係のものが群を抜いていることによく示されている。なるほど、この病気による一九世紀の年間平均死亡率はそう高いものではなく、その意味で結核やチフスの方がじつははるかに恐ろしい病気であった。だが、コレラの蔓延はかつてのペストと同様はなはだ劇的で、ひとたび流行するとなるとしばしば全西欧的、いや世界的な大流行《パンデミック》となった。ヨーロッパには一九世紀を通じて、一八三一〜三二年、一八四八〜四九年、一八五二〜五五年(イギリスでの流行は一八五三〜五四年)、一八六五〜六七年(イギリスでは一八六六年)の通算四回の大流行があり、かつてのペスト(たとえば一六六四〜六六年の大流行)ほどではなかったとしても、それでもその都度集中的に高い死亡率を記録した。なお表2は一八七一年以降のコレラによる死亡率を記載しているが、これはこの時期における一部の海岸地方ないし海港での流行によるものである。イギリスでの大流行は一八六六年のものが最後であった。

ところで、今のべた通算四回にわたるコレラの大流行が一八三〇年代から六〇年代の時期に集中しているということは、偶然とはいえ、この際ひとつの歴史的な意味を帯びている。というのも、この期間は、前節にのべたように、「非接触伝染」説が「接触伝染」説を抑えて優勢となり、それから再度逆転が起こって以後力を失っていく、まさにその時期と重なっているからで、実際両学説の角逐は、少なからぬ部分がこのコレラを素材として展開されることになったのである。中でもイギリスの場合、一八三一〜三二年の最初の衝撃はとくに重要であった。

さきにのべたように、「接触伝染」説から「非接触伝染」説への転換は、一八世紀末から一九世紀初頭にかけて、すぐれて黄熱病の流行を契機として始まった。だが、このことはあくまでも海外で黄熱病の患者を診た医師・医学者の場合で、イギリス国内に住む大多数の医師たちは、一八三〇年にいたるまで、なおあい変らず伝統的な「接触伝染」説の中にあった。イギリスの政府当局者は、すでに一八一七年この方、ベンガル駐在部隊の軍医の報告を通じてコレラのことは承知しており、それゆえ、一八二六年に新手のコレラがベンガル地方に発生して以後、それがデリー、ボハラ、テヘラン、アストラハンと拡がっていく過程を終始注意深く見守っていた。そしてその波が一八三〇年にモスクワに達し、さらに翌一八三一年にバルト海沿岸のリガに、ついでワルシャワを経てベルリン、ハンブルクに及んだ時、イギリス政府は一八二五年の改正検疫法を発動して、ロシア、ドイツから入港するすべての船舶にたいし、一四日間の停船を命じた。このように、十分予知されていたこのコレラの襲来にたいし、「接触伝染」説の立場から、従来どおりの防疫態勢がとられたのである。

だが、この防疫態勢にもかかわらず、コレラは一八三一年八月、ついにイングランド東海岸のサンダーランドに上陸、以後検疫規制がさらに強化されたのにもかかわらず、そこから全国へと蔓延した。こうして他の諸国におけるのと同様、イギリスにおいても検疫制度の無力さが暴露され、ブルジョワ階級の検疫規制そのものにたいする反対が一挙に拡大することになった。

他方、コレラが蔓延する過程ではじめてその実態に触れた医師たちも、つぎつぎに「非接触伝染」説の立場へと移行した。この病気は、今では周知のとおり、水の汚染を通じて伝染するところにその一特色があり、それゆえ、「接触伝染」説の意表をついて、思いもよらぬ所へと伝播することができた。また、たとえ水によるコレラの感染が疑われたとしても(実際かなりの医師がこの疑いを抱いた)、個々の患者についてその具体的な感染経路をいちいち確定することはほとんど不可能に近いことであった。一方、コレラの患者が、糞便、汚物などが処理されずに充満していた工業都市のスラム街に多発したことはまぎれもない事実で、これは誰も否定することができなかった。であるとすれば、多くの医師がこのコレラの治療と防疫を通じて、しだいに「接触伝染」説から「非接触伝染」説ないし両者の折衷説へと移行していったのはまことにむべなるかなであった。こうして一八三一〜三二年における最初のコレラの流行の中で、「接触伝染」説自体の立場もまた失われてしまったのである。

その後一八四〇年代にかけては、「非接触伝染」説の極盛時代となった。とくに第二回目のコレラの大流行があった一八四八〜四九年には、国家と政府当局はついに「非接触伝染」

説の立場をとり、国民健康法を成立させる一方、E・チャドウィックを中央保健局の局長に任命して、既述のとおり衛生改革をスタートさせた。検疫制度はおこなわれず、そのためコレラによる死者は第一回の流行の場合をはるかに上まわることになったが、これは、工業のその後の一層の発達によって不衛生な都市域が拡大したことに帰せられてしまった。だが、この「非接触伝染」説の極盛時代はそう長続きせず、一八五〇年代から再度の逆転が進行することになる。ウィリアム・バッドとジョン・スノウの研究は、その転換の重要な一里塚であった。

まずW・バッドの研究は、このころ一段と進歩した顕微鏡にもとづく成果であった。かれはこの顕微鏡を用いて、コレラで汚染された地域の水の中に他のそれとは区別される特徴的な「生き物」を検出し、この生物が口から呑みこまれて腸内で繁殖するときにコレラになるのだと結論した。一方、J・スノウの研究は、統計学的な手法によるもので、かれは一八五四年の第三回のコレラがロンドンを襲った機会をたくみにとらえ、つぎのような調査をおこなった。すなわち、一方にテムズ川の中でも下水管が連結されている所から取水している水道会社、他方により上流の、はるかに清潔な水を供給している水道会社を選び取り、両者の給水地区におけるコレラの死亡率を比べるというのがそれであった。その結果は歴然たるも

●擬人化されたロンドンにコレラなどの病気を差し出すテムズ川（1858,《パンチ》より）

ので、下水に汚染された水が供給されている地区の死亡率が一万人当たり一五三人であったのにたいし、もう一方のより清潔な水が供給されている地区のそれはその六分の一の二六人であった。こうしてコレラが水の汚染で伝播することが一応明らかにされたのである。

だが、このバッドとスノウの研究成果が、そのままただちに「接触伝染」説の権威回復をもたらしたと考えるのは大きな誤りである。バッドの研究は、はっきりと特定されたコレラ菌によってコレラが起こることを実証していないし、スノウの研究も、コレラがコレラ菌で起こることを証明したわけではなかった。このことが確定されるためには、最終的には一八八〇年代のコッホの研究を待たねばならなかったのである。だが、このバッドとスノウの研究が一つの契機となって、五〇年代以降、「接触伝染」説が勢力を盛り返しはじめたのは疑いのない事実であった。一九世紀最大の病理学者として知られるルドルフ・フィルヒョウは、一八五〇年ごろまではなお「非接触伝染」論者であった。だが一八六九年には、ついにこう認めるにいたっている。「最近の諸研究は、（コレラの原因として）ある種の独立した有機体、とくに細菌を、ますます示唆するようになっている」と。ちなみにパストゥールが、肉汁を真空中に封じ込めてそれが腐らないことを実証したのも、このころのことであった。細菌学の時代が、今や明けそめていたのである。

5　いざというときに備えて

——保険金幼児殺人事件——

一六世紀に入ると、資本主義的経営が生産の中で支配的な力をもつようになるが、それとは対照的に、中世的共同体は急速に崩壊しはじめる。中世的共同体は生産のための組織であると同時に、相互扶助の組織でもあったから、共同体の崩壊は、職人たちがこれまで生活上の不慮の困難にさいして頼ることのできたよりどころの消滅であった。

同じ時代に人びとの精神の分野では、家庭生活と公的生活との全体にわたって、厳粛かつ真摯な規律を要求するプロテスタンティズムがイギリスの宗教の主流となり、一七世紀には短期間であったが、規律においてもっとも厳格なカルヴァン主義の流れをくむ清教主義を奉ずる勢力が政治権力をにぎった。「旧秩序に対する清教主義の戦いから、正真正銘の近代英国が生まれてきたが、政治においてよりも、人間の内面生活において、清教主義のなしとげた業績はいっそう大き」く、生活理念は大きく変化した。すなわち貧困についての見方はカトリックと違って、人間のいちばん大きな悪徳を怠惰とし、貧乏人は環境の犠牲者というより、怠惰でだらしない暮らし方のために、自ら招いてその境遇に落ちたのであるという、貧乏人に対する厳しい、同情を含まない見方が社会に浸透してゆく。

急速に進行した共同体の崩壊と、時を同じくした生活理念の変化によって、職人たちは病気、けが、死亡など生活上の不慮の困難に遭遇した時、かつてのように、共同体の相互扶助、あるいは富裕者の慈善に頼ることはできなくなった。将来の不測の困難には自分で備えねばならなくなった。

職人たちの相互扶助の組織である友愛協会 friendly societies が、一七世紀後半に入って生まれてきた理由はここにあった。友愛協会は会員が定期的に会合して一定金額を共同の金庫に拠出し、会員が病気、けが、老齢、死亡などの困難な状況におかれた時、基金から給付を受けられるような組織であった。一九世紀初期ごろまでは一般にきわめて小さな組織で、会員数は一〇〇人前後以下がふつうで、規約で会員数をきめ、それをこえる新加入を認めない組織も少なくなかった。相互扶助の他に重視されたもうひとつの目的は、会員どうしの親睦であった。月に一度週日の夜、定例の会合を開き、会員は拠出金を基金に納入し、運営会議をおこない、その後で親睦会になった。この定例会への出席は会員の義務とされ、欠席者は基金に罰金を払わねばならなかった。

これらのことから初期友愛協会の重要な特徴、すなわち基本的な性質がでてくる。第一に、すべての会員が定例会の運営会議に出席するという、もっとも民主的な組織運営を根本原則にしたことである。(輪番制が多かった)役員に選ばれたとき、就任をことわるものに罰金が課されたが、これは役員としての奉仕が義務であったことを示している。

第二に、全会員が運営に参加するのを基本原則にしていたから、会合場所(ほとんどの例では特定のパブが事務所であった)から一定の距離内(約三マイル＝四・八キロ、徒歩で一時間ぐらい)に居住しているものでなければ会員としての加入を許さなかった。すなわち、特定のパブを中心に半径三マイルぐらいの、きわめて狭小な地域内に居住する職人、労働者の組織であった。この基本型の組織は組織地域を次第に大きくしてゆくが、狭小な地域性は存続し、一九世紀後半に入ると地方協会 local societies と呼ばれるようになる。

第三に、初期友愛協会のもっとも重要な基本原則であった「相互扶助」mutual assistance が、一九世紀中葉以降の「相互保険」mutual insurance とは、その精神において、大きく隔たっていたことが重要である。相互扶助は各会員の払う拠出金総額と、給付として受けとる総額との間に正確な相互関連を求めることを重視しない、おおざっぱな方法をとった。したがって各会員の拠出総額と受けとり給付総額とを関連させて、それを各会員ごとに比較すれば、そこに大きな差異、すなわち不公平が結果として生まれていた。しかし、相互扶助を

●富める者と貧しき者

相互扶助たらしめる、もっとも重要な特徴はここにある。この不公平を不公平と考えない精神、そこには「拡大された家族」としての中世的共同体の相互主義精神が脈々と生きていた。生活上の困難に直面した他の家族員を援助するのは、生活の順調な家族員の当然の責務であった。一九世紀中葉以降、政治と行政の指導者や社会のオピニオン・リーダーたちが、友愛協会に対して繰り返し主張した相互保険の原則は、各会員ごとに拠出総額と受けとり給付総額とを密接に関連させ、会員間の不公平を可能なかぎり除いてゆく方法であった。それは人びとの心の底にある個人主義の考え方が、産業革命後のイギリス人の生活と社会を支える、もっとも重要な意識の根底に位置を占めたことを意味した。相互扶助と相互保険は運用の技術面では連続し、後者は前者からの発展、あるいは精密化といえるが、両者を支えた精神はそれぞれまったく異質といってよいほどに越えがたく大きく隔たっていた。

第四に、会員の職業、職種を特定しなかったから、会員の主要部分はさまざまの職種の職人であったが、親方、小商人、若干の専門職等の加入も多かった。これとちがって後に労働組合に発展してゆくものは、同一職種の職人の友愛協会として発足し存続してゆくが、職業上の緊急事態にあたっては、職人たちに共通の職業上の利益を守り拡大しようとする、団結の中心＝労働組合の役割をになった組織であった。

友愛協会は一八世紀に、とくに産業革命のはじまる世紀の後半から急速に増加しはじめた。この時代は対外戦争、政情不安、凶作の連続と相まって、貧民救済費が増大し、そのための税負担の増大が市民にとって耐えがたい重荷となったから、貧民救済費の減少に効果的な貧民対策が内政面での重大課題となった。そこで政府は、労働者が友愛協会によって生活上の不慮の困難に備えるなら、貧民救済のための政府の財政負担は減少するだろうとの期待から、一七九三年に友愛協会法（通称ローズ法）を制定して、友愛協会を公認し保護を与える。一七九九年の団結禁止法が労働者のあらゆる組織を禁止してからも、友愛協会だけは禁止されることはなかった。ここに支配階級の、友愛協会の果たす役割に対する期待の大きさを見ることができる。また禁止された労働組合は、友愛協会としての活動を表に立てることで弾圧をさけ存続を続けた。

一八〇三年の友愛協会数は九六七三、会員数は七〇万人であったが、一八一五年には会員数は九三万人に増加した。これは人口一〇〇人当たり友愛協会員八人であって、友愛協会が広く普及していたことを示している。

友愛協会の発展

友愛協会法の成立後ほぼ三〇年、一八二五年の下院特殊委員会の調査は、友愛協会は貧民の減少に期待されたほどの効果はあがらず、その相互扶助の財政的基盤は脆弱であると指摘した。議会と政府のその後の指導の方向は、友愛協会を相互保険の組織とし、堅固な財政的基礎に立たせることであった。

財政上堅固な組織への成長は、友愛協会員の希望する方向でもあったから、友愛協会運動自体の中からも、一八二〇年代には早くも変化が生まれていた。それは友愛協会をこれまでの小規模の地域的なものではなく、大規模の全国的な組織にする方向に向かったが、そこには二つの主要な流れがあった。

第一のものは、地方的な協会が合同して大きな組織をつくり、その後は合併を希望する協会を吸収しながら成長してゆく流れであり、第二のものは保険会社に似たやり方で、個人の労働者を加入させてゆくものであった。この二つの型の代表例をあげると、第一のものでは一八一〇年設立の「マンチェスター・ユニティ・オヴ・オッドフェロウズ」、第二のものでは一八四一年設立の「ハート・オヴ・オーク」である。両者とも組織範囲は全国的で、加入会員は中流階級の中から下流の中以上の人びとを主とし、会員の中には職人、労働者が多かったにしても、比較的に高賃金の熟練職でなければ加入できなかった。

一九世紀の八〇年代以降二〇世紀はじめにかけては、上の二つの型の友愛協会が勢力を強大化し、地方協会（初期友愛協会の性質を持ち続けた友愛協会）は消滅するか、大協会に吸収されてゆく。大協会優位の決定的理由は次の三つであった。第一に、地方協会では会員は他の地方に移住すればたとえ国内であっても給付への権利を失ったが、大協会では会員にとってのこの不利益を解決できた。第二に、ほとんどの大協会は一九世紀中期以降になると、組織として医師と契約し、会員に従来の疾病給付に加えて診療を給付として与えるようになる。いわば初期的保険医療を給付の中に加えるが、これは地方協会では実現できなかった。

第三に、大協会は相互保険の組織として財政堅実化の改革を進め、巨大基金をもつにいたるが、この莫大な基金の与える給付の安全感を地方協会は会員に与えることができなかった、などの理由によるものであった。

一八三〇年前後から一八七〇年代まで、友愛協会数と会員数は大きく増加する。一八七二年の友愛協会に関する王立委員会書記の推計では、イングランドとウェールズだけで、次に説明する埋葬協会を含めて、友愛協会数は三万二〇〇〇、その会員数は四〇七万三〇〇〇人、蓄積基金額は一一九四万二〇〇〇ポンドという巨大なものであった。一八七一年のイングランドとウェールズの人口は二二七一万人であったから、人口五人のうち一人は友愛協会の会員であったことになる。これらの数字は友愛協会が、イギリスの労働者階級を含む民衆にとって、きわめて関係の深い組織であるとともに、政治、経済、社会のいずれの面においても、大きな影響を与える組織になっていたといえよう。

一八八〇年代からは会員数の増加は続くが、全体としての協会数の減少がはじまる。小組織の消滅、分解、あるいは大組織による併合が活発化したからである。

貧民の相互扶助――集金埋葬協会

人の死にともなう葬式は、どのような社会においても人生の重大事である。友愛協会の最初の重要な目的は、社会の慣例からみて恥かしくない程度の埋葬＝葬式を、死亡会員に保証することであった。埋葬給付だけを保証する埋葬協会 burial societies は、友愛協会の歴史の最初から出現している。地方友愛協会と同じような運営方法をとった埋葬協会は、後に地方埋葬協会と呼ばれるが、継続性の基礎は疾病給付をもつ友愛協会より薄弱であった。会員の平均年齢が高くなると、若い会員の新加入がなくなり、ついには消滅せざるをえなくなるという困難がつねに存在したからである。

一八三〇年代から五〇年代にかけて、集金埋葬協会 collecting burial societies と呼ばれる新しい型の埋葬協会が急増し、とくに貧しい労働者とその家族をひきつけた（ほとんどの例では会費＝保険料は週一ペニーで集金人が集金に訪問する）。しかしこの型のものは多くの社会的弊害を伴い、「友愛協会の性質をいくらかもつのは地方埋葬協会だけで、他のものは友愛協会法の下で活動しているが、実際にはなんの資本金もなしに出発した保険事務所であり、主として事務所の持主のために仕事をし、加入者のためには時たま仕事をするだけ」であると非難された。

産業革命の終了期前後から一八五〇年代前後のこの時代は、生産力の急速な発達が実現し、物質の面では新しい時代が始まろうとしていたが、人心も、人間関係も、制度も、この変化にまだ適応できず、矛盾が社会のいたるところにふきでた時代であった。目先のきく人間がこのような社会の矛盾と制度の不備をついて、ほぼ無制限の自由放任を、ただおのれの利益のためにだけ利用しつくした。

働き口とより良い収入を求めて、新興産業都市への貧しい人びとの移住が活発化し、同一地域内の人間関係の親密さは急速に稀薄になった。とくに貧しかったアイルランドからの移民は、一八三〇年代には毎年一〇万人、一八四七年から四九年にかけては毎年二五万人が流入した。かれらのうちかなりの部分は、しばらくの間イギリス各地で働いた後、北アメリカへ移住したが、とくに多かったのはかれらの移出入港リヴァプールを含むランカシャーであった。人口が急膨張していた産業都市の無秩序状態は、さらに無気味さを加えた。

それはディケンズの小説の人物たちが生きていた時代と社会であった。かれが描いた人物のひとり、飲み代の小金を借りては居酒屋に入りびたり、大ぼらを吹いていた鼻つまみ者、モンターギュ・ティッグは、その大ぼらによってアングロ・イラニアン保険会社を設立して社長におさまり、ティッグ・モンターギュ・エスクワイアと名前を改め、紳士の家柄から出たように変身する。これは必ずしも架空の物語ではなく、ほとんど同じといってよい例が公的な調査に出てくる。また勝手に名前にエスクワイアEsq.をつけて、社会的身分を上昇させることは、当時のイギリスではありふれたことであったとされている。

このような時代と社会の中で集金埋葬協会が出現したが、その理由は第一に、貧しい労働者の子供の死亡率が豊かな階級の子供に比べて異常に高かったこと、第二に、無秩序、喧騒、不衛生の極にあり、かつての共同体的人間関係も存在しない新興産業都市の中で、孤立した貧しい親たちは、とくに子供や妻の死亡に備える埋葬給付を必要としたことがあげられる。当時の埋葬協会の大部分は集金協会であって、集金人が新しい加入者を勧誘して会員にすると、定期的に戸ごとに集金してまわった。したがって集金人は一戸の家族全員を加入させて、集金業務の効率化をはかった。この中に一八四〇年代と五〇年代に生まれてきた大集金協会と呼ばれる組織がある。これは友愛協会法の下におかれたが、ほとんど保険会社といってもよく、またほとんどがリヴァプールで発足し、組織地域は狭くてもイングランド全域か、それより広い地域に組織をのばし、中には「ロイヤル・リヴァー」のように、一八七〇年に五五万人の会員をもつ大組織もあった。集金協会はもっとも貧しい階級の間でもっとも繁栄したといわれたが、それは地方埋葬協会や疾病給付をもつ友愛協会に加入できなかった女性や子供を加入させたからである。すなわち、「集金協会の加入者帳に載っている名前の大多数は、女性と子供の名前であった。」あるいは「疾病協会は主として成人男子の間に存在するが、集金協会は家族全員で加入し、とくに子供たちの埋葬費用を保険したいと思っている人びとの間で、はるかに多くの会員をもっていた。」また集金協会の加入者は「友愛協会に保険をかけた階級のうち、一般的にみてもっとも知的でない部分を代表」していた。

集金協会に対する非難の第一は、労働者下層から零細な会費を集めることで、設立者や集金人が巨額の収入を得たことであった。大集金協会の経営委員会の委員たちの大部分は集金人でもあった。たとえば一八七一年の「ロイヤル・リヴァー」には八人の経営委員がいたが、うち二人の委員のサラリーはそれぞれ年に八〇〇ポンド、他の委員はそれぞれ五二〇ポンドであった。かれらにはその他に、集金帳からの収入が一五〇ポンドぐらいあったから、年間収入の合計はそれぞれ九五〇ポンドないし六七〇ポンドであった。一八七〇年ごろの「造船・機械工業未熟練労働者」の週賃金は一五シリング、働きづめに働いて年に五〇週としても、その年収は三七ポンド一〇シリングにすぎず、また職人としてイングランドで最高の賃金を得ていたロンドンの煉瓦工の賃金は、同じ年に週三七シリング、屋外作業であったから年四〇週働いても年収は七四ポンド、年三〇週とすれば五五ポンド一〇シリングであった。

おそらくこの後者の数字が煉瓦工の妥当な年収であったろうが、これらの職人および労働者の賃金に比べて、集金人をかねた経営委員の莫大な年収は、あまりにも大きすぎるとの印象を人びとに与えた。

非難の第二は、莫大な保険料収入にもかかわらず、蓄積された基金額はきわめて小さかったことである。「ロイヤル・リヴァー」は一八七一年に保険料収入の四〇パーセント（初期には五五パーセント）という大きな部分を運営費に使用したが、その大部分は集金人の手数料で、それは全体の二七・五パーセントを占めた。

第三に、多数の権利喪失証書の存在であった。蔵相グラッドストーンは一八六四年に下院で、「ロイヤル・リヴァーは昨年一三万五〇〇〇の証書を発行したが、同じ期間に七万の権利喪失証書が出た」と演説した。発行証書の半分をこえるほど多数の権利喪失証書の発生が、集金協会の巨大な利益の源泉になったことはいうまでもない。権利喪失証書の発生はそのまま集金協会の利益であったから、社会および議会からの非難が高まるまで、集金協会は権利喪失証書の発生防止に努力せず、反対に権利喪失証書が多くなるような方法さえとることがあった。集金人が会員の家を規則的に訪問して会費を集めなければ、会員は給付への権利を失うが、いくつかの集金協会はある時期には事務所を閉鎖して集金しない方法をじっさいにとった。集金人の収入としては、新会員の獲得に努力する方が、旧会員の維持に努力するより、はるかに有利であった（新会員の入会費二ペンスと新会員からの最初の六週間の会費はすべて集金人の収入になったが、旧会員からの会費からは、その二五パーセントが集金人の収入になった）から、旧会員の維持よりも新会員を獲得することに力を注ぐ傾向があった。また集金人は、遠からず埋葬給付を請求するだろうと感じた会員の家には、故意に集金にゆかず、その会員の給付への請求権を失わせる方法もとった。このような方法は現代のわれわれには容易に信じられないやり方であるが、一九世紀中ごろにはじっさいにあった事実である。集金埋葬協会が社会のもっとも貧しく、無知で、弱い人びととその家族の中で繁栄していたこと、成人会員の多くが女子であったこと、成人会員の中には文字の読めないものが少なくなかったこと、会員は集金人の名前でその協会を呼び、すなわち「ミスター・〇〇の協会」としてその協会を知っていたから、会員が自分で協会事務所に行くことはほとんどなかったのが実情であり、会員の給付請求権が失われるように集金人が行動することも可能であった。しかしもちろん、全体からすれば、このような悪質で詐欺的な協会や集金人は、少数にすぎなかったのはいうまでもない。

第四に、集金協会には安定した継続性がなかったことである。これは保険会社についても同じであった。一八四四年の産業会社法は保険会社の設立を大いに刺激し、この年から一八五三年の間に、三一一以上の保険会社が暫定的に登録し、一四〇が完全に登録したが、このうち一八五三年に存在したのは九六にすぎなかった。

イギリス各地に多数の集金協会が競争しつつ存在したため、加入者はこれらに重複加入(最多の例は四つ)して、じっさいの死亡に伴う埋葬費用よりも大きい埋葬給付を受けとることができた。ここから人の死を投機の対象として扱う風潮が生まれていると憂慮された。

一八三〇年代から五〇年代初期にかけて、「たとえ不正であっても速やかに金をもうけることを唯一の目的とした集金協会や保険会社の設立者と集金人が、厚顔かつ無制限に労働者階級を搾取」することができたが、この時期の後半になって、(集金協会と保険会社の)保険業は悪名の高いものになった。その悪名の頂点にきたのが、保険業が誘発した保険金幼児殺人事件であった。

集金埋葬協会と生命保険会社は、事業内容も事業の進め方も同じであったから、議会報告書に出てくる言葉は埋葬協会、集金協会、集金埋葬協会、保険会社となっていても、その指すものは同一であることが多く、また時には埋葬給付といい、時には保険金というが、実質は同じものを指していた。

表1　埋葬給付＝保険金目当ての殺人で有罪判決のでた事件

裁判の年	有罪判決をうけた被告	裁判の開かれた場所
被害者が子供の事件		
1841	ロバート・サンディス	チェスター
1843	ベティ・エクルズ	リヴァプール
1846	ジョン・ロッダ	ヨーク
1853	オナー・ギボンズとブリジット・ギャレット	チェスター
被害者が成人の事件		
1847	サラ・チェシャム	チェルムズフォード
1847	メアリ・アン・ミルン	リンカーン
1847	アン・マザー	リヴァプール
1848	メアリ・メイ	エセックス
1850	ウィリアム・ロス	ヨーク

保険金目当ての、親の子供殺し事件

一八四〇年代のイギリスにおいて、保険金＝埋葬給付をとるための殺人事件で、容疑者が有罪の判決を受けた事件が九件起こった。そのうち四件は幼い子供が被害者であった。山上憶良の歌を引くまでもなく、どのような社会であれ、どのような時代であれ、またどのような人であれ、親と子の間の愛情の強さ、持続性、普遍性について疑問をもつ人はほとんどいないだろう。とくに、親に頼りきっている幼児期の子供に対して、親は無条件で無限の愛情をそそぐ。

しかし人間の社会では、想像を絶する恐ろしい事件も起こる。ロバート・サンディスが有罪の判決を受けた一八四〇年の事件のばあい、夫婦が受けとった埋葬給付の現金純手取り額は、三ポンド八シリング六ペンスであった。夫婦は地下部屋の自宅で仕事をして、一週間に一二シリング稼いでいたから、受けとった保険金は四〇日分の稼ぎにしか相当しなかった。この金額の小ささは、当時のイギリス下層民の貧しさと生活の苦しさを物語っているが、同時にもっとも冷酷非情な計画的殺人とされる保険金殺人で、加害者が親、被害者がその幼い子供であったことが、社会に大きな波紋をなげかけた。

同じような事件がなんどか発生するにおよび、議会も保険金幼児殺人をとりあげ、殺人の誘因となった埋葬給付と埋葬協会への関心が高まった。この種の犯罪の防止をねらって、埋葬協会を規制する友愛協会法の改正案を検討する下院委員会が一八五四年に開かれ、その報告書は同年七月二六日に印刷を命ぜられた。参考のためにいえば、この時期だけに限っても友愛協会についての議会委員会は、上院では一八四七〜四八年、下院では一八四九年、一八五三年、一八五四年に開かれ、それぞれが部厚い報告書にまとめられている。

保険金幼児殺人に関心を集中した一八五四年の議会委員会は、このような殺人事件は非常にまれな犯罪であるから、この特殊な犯罪を扱う特別の法律まで立案する必要はないという結論であった。翌一八五五年の友愛協会法は右の委員会の提案をいれて、埋葬給付の限度額を五歳未満の子供では六ポンド、五歳以上一〇歳未満の子供では一〇ポンドとした。(子供の埋葬給付の法的規制は一八五〇年友愛協会法にはじめて現われ、そこでは一〇歳未満の子供の埋葬給付は、じっさいに生じると思われる埋葬の費用を超えてはならないという方針から、最高限度額を三ポンドとした。）また一八五五年法は、資格医師か検死官が署名した死亡診断書を提示するばあいにだけ、子供の死亡による埋葬給付の支給を請求できると規定した。この規定の重要さは後に詳しく説明する。

●スープの施しを受けるロンドンの貧民たち

議会の調査があり、法律の改正もあったが、このような犯罪に対する社会一般の恐怖感は短期間に消滅するはずはなかった。そのころ社会環境の改善に熱心にとり組んでいたE・チャドウィックは一八六五年のシェフィールドの講演で、「貧困に対していかに人びとは備えるべきかという問題を考えていた時、埋葬給付のための子供殺し事件が、ふと私の心をよぎった」と聴衆に警告した。

一八七〇年からの王立友愛協会委員会も、この問題を検死官について調べ、一八七四年の第四次報告書の一部分をこれにあてた。意見を求められた三四〇人の検死官のうち四五人は、確信的にこのような犯罪は存在すると思うと答えた。

受けとられた保険金額の小ささからして、事件の真の原因が親の貧困にあったことは明らかであった。イギリス資本主義の黄金時代といわれる一九世紀中期の、経済的繁栄を謳歌する社会の底辺に、このような恐ろしい犯罪を生む悲惨な貧困が広範に存在したのである。

サンディス事件

事件は一八四〇年一〇月一二日、ストックポート（チェシャー、マンチェスターの中心から南東に一一・二キロ）で起こった。サンディス夫婦は地下部屋の自宅で、ロープからマットをつくって生計をたてていた。

朝九時ごろ、夫婦は四人の子供たち、マリアンヌ（七歳ぐらい）、ジェイン、ロバート、エドワード（一歳半ぐらい）に、バター付パンを与えて通りへ遊びにやった。子供たちは間もなく、ふたたび部屋に戻ってきて、家族の友人であった精神薄弱の少女ブリジットが子供たちの一人にバター付パンをくれた、といった。母親は二人の女の子にひときれずつのバター付パンを与え、お茶を飲ませたが、男の子二人には何も与えなかった。四人の子供たちはふたたび一緒に通りへ遊びにいった。その二〇分後、子供たちはふたたび帰ってきたが、マリアンヌとジェインは気分が悪いと訴え、食べたものをもどしはじめた。夫婦は子供たちが毒を飲まされたと叫び、隣りの地下部屋に住む義妹オナー・サンディスを呼びにやった。その騒ぎに近所の人びとも集まり、とうとう毒を飲ませたのはブリジットだとされてしまった。彼女は逮捕され、検死官のところへ連行された。

毒を飲まされた少女たち（マリアンヌ死亡、ジェイン回復）の母親アンも検死官の取調べをうけた。その時アンはブリジットが毒を飲ませた状況を説明した後、「彼女は正常ではないのだから、殺すつもりでしたのだとは思えません」といった。この言葉と、話の中ですこし前に別の子を埋葬したと何気なくもらしたことが、検死官の疑惑をまねいた。マリアンヌの死体の埋葬は禁止され、一五日前の九月二七日に死亡し、すでに埋葬されていたエリザベス（五ヵ月ぐらいの乳飲み児）の死体も掘り出された。マリアンヌの死因はヒ素によるもので、エリザベスも同じくヒ素で死亡していたが、戸籍簿に記入された死因はハシカであった。

さて、エリザベスの死体を掘り出しにゆく警官を案内したのは、サンディスの義妹オナー・サンディスであった。オナーは警官を案内しながら、「私の小さな子供のことをどう思いますか？　検死官は私の子供も掘り出すのでしょうか？　私は掘り出してもらいたくありません。そっとしておきたいのですが……」といった。この言葉は警官から検死官に報告され、検死官は七月一二日に死亡していたオナーの娘、キャサリンの死体を発掘させた。その死体からもヒ素が検出された。

この三件のヒ素による死亡事件のうち、まずマリアンヌとエリザベスの事件について、ロバート・サンディスとアン夫婦を被告とする陪審裁判がチェスター（チェシャーの州都）で開かれた。裁判では、事件の朝母親からバター付パンをもらえなかった子供ロバートの証言をとろうとした。しかしロバートには聖書にキスをして宣誓する行為の意味を理解していないという裁判技術上の反対があって、その証言を聞くことはできなかった。判事はロバートの証言を裁判の重要なカギと考え、次の陪審裁判まで裁判を延期した。ロバートはその間、証言できるように教育をうけ、次の陪審裁判では、五ヵ月の乳飲み児エリザベスの死亡時の状況について証言した。

エリザベス、マリアンヌがヒ素服毒によって死亡した事実には状況証拠はあったが、犯行を証明する直接の証拠はなかった。ただエリザベスは乳飲み児であったから、親以外の誰かが乳飲み児にヒ素を飲ませることはできないと考えられ、この点が有罪判決の決め手になった。このことがなければ、一二人の陪審員の全員が適正とする判決（もし陪審員が有罪の判決を下したばあい、裁判官の宣告が死刑であるかも知れないような事件の裁判では、陪審員全員の一致した判決が要求された）は、おそらく無罪であったろうといわれた。

この裁判に出た人びとのほとんどすべては、母親アンもその夫と同じく犯行の主犯であるとの印象をもっていたが、陪審員の判決は父親のロバートだけを有罪とし、母親のアンを無罪とした。ロバートは無期流刑の宣告をうけた。アンもロバートと同じく有罪であると信じていた検死官は、非公式な場で、知人であった陪審員の一人に、なぜ陪審員は夫ロバートだけに有罪の判決を与えたのか、とたずねた。その答えは、法律によれば女性は夫がいるところで犯したいかなる犯罪においても無罪であると、判事から教えられた陪審員長

●豚のエサを狙う貧民の子供たち

が女性の法的無能力を主張し、陪審員全員がその法律にしたがった、ということであった。アンは無罪釈放された。

七月一二日ヒ素服毒で死亡したキャサリン・サンディスの事件は、状況証拠以外の決定的な証拠はなにもなかったから無罪の判決がでた。

この事件には現代の人間には納得しにくい点がいくつかある。第一に、あまりにも前後の見境のない犯行であった第三の事件がなかったなら、その前の二つの犯行はおそらく露見しなかっただろうと思われることである。したがってこの種の犯行の多くは発覚することはなく、また発覚して裁判になっても、有罪の判決があることは少なかったのではないかと考えられることである。前記の議会特別委員会の多くの証人が、この種の事件の存在を信じる推測をのべている。

第二に、九月二七日死亡のエリザベスの死因が、戸籍簿にはハシカと記入されていたことである。ヒ素を飲めば半時間余りで嘔吐と下痢の症状を示すが、似た症状の病気はコレラやほかにもいくつかある。したがってヒ素を飲んだかどうかを医師以外の人が知るのは容易ではない。いずれにしても、死亡原因をいつわることができた死亡登録手続きの実情を知らねばならない。

死亡原因は誰が認定するのか

出生、婚姻、死亡について、役所への届出を義務づけたのは一八三六年の「出生、婚姻、死亡に関する登録法（イングランドとウェールズ）」（一八三七年一月一日実施）であった。この法律より前は、これら人生の三重大事には牧師が立会う原則はあったが、役所に届出る義務はなかった。たとえばイギリスのこれまでの慣習によると、結婚は「宗教上の儀式によって完成させることができ、かつそのことだけが法的正当性をもつ」とされてきたが、この法律から後は、出生、婚姻、死亡は役所に届出ることではじめて法的正当性を獲得することになった。（スコットランドでは一八五五年一月一日実施、アイルランドでは一八六四年一月一日から、婚姻を除いて実施。）

これらの登録の中で犯罪ともっとも関係があるのは死亡登録である。この時代には医師の診断書は死亡登録の必要文書とされていなかったから、死亡登録に必要な死亡原因の認定を誰がどのようにおこなったかという問題がでてくる。

当時の死亡登録の実情について、マンチェスターのセント・ジョージ地区（人口四万四〇〇〇人、人口の四五パーセントはアイルランド人）で、一六年間戸籍登録官をつとめている証人の証言がある。それによると、死亡登録で記入しなければならない項目は、「死亡者の名前、日時、性別、年齢、死亡原因、届出人の署名、戸籍登録官の署名」である。子供の死亡の届出にはふつう親がくる。この登録官が届出てきた親にまずたずねる質問は、「医師の死亡診断書をもっていますか？」である。もしそれがなくても、死亡した子供が資格医師の診察をうけていれば、その医師の診断書をもらってくるように要求する。

資格医師というのは医師の資格試験にパスした医師であるが、アイルランドを含めた当時のイギリスには一〇の大学の他に九つの資格付与団体があった。しかも現実には、それまでの長い伝統によって、資格をもたない医師の医事行為も認められていた。イギリスの医事改革は、資格の自主的管理方式を貫く方向で進められたために、無資格医師の営業の自由を制限するまではゆかなかったからである。現代イギリスの医業制度の根幹を定めた一八五八年医師法は、医師の登録制度を創始し、登録した正規の医師だけに公的な医療行為を認めた。このことが医師資格の無秩序という、医業制度の長年にわたる困難な問題に終止符をうった。同法第三七条は、「登録されていない医師の発行する診断書その他の証明書はすべて公の効力を持ちえない」と規定した。この規定はもちろん死亡登録に関係する。

われわれがいま問題にしている死亡登録は、一八五八年医師法以前の時代である。しかし、戸籍登録官は資格医師の診断書であればその記入に絶対の信頼を与え、無資格医師の診断書であればそれを受けとっても、「医師の診断なし」と登録簿に註記した。すなわち死亡原因を知ることだけに限っていえば、無資格医師の診断書であっても、病気に詳しい第三者による死亡原因の判断として、それなりに役に立ったからである。その登録官は、「時には無資格医師の診断書を信用し、時にはまったく信用しないが、それは私の自由な判断によっておこなわれる」という。医師法の成立前に、無資格医師の診断書は公的文書としては無価値であるとする登録官の処置は、ロンドンの戸籍長官からの通達に従ったものであった。

さらにこの登録官によると、資格医師の数が少ないために、その診察を受けるのはたいへん困難で、また診察料が高いため、その診察に対して支払うことができない人が多かった。そのため低賃金労働者は子供を薬剤師か救貧院の医師に診察してもらわざるをえないのが実情であった。かれが受けつけた死亡登録全体の中で、資格医師の診断書があったのは三分の一にすぎなかった。参考にいえば、資格医師の診断書の料金は二シリング六ペンスであったが、このころのマンチェスターとその周辺都市部の工場労働者の週賃金は普通で二一シリング、最低で一五ないし一六シリング、最高でも三五シリングを超えるものはいなかった。したがって、資格医師の診断書の料金は普通の工場労働者の週賃金の八分の一、低賃金労働者の週賃金の六分の一、サンディス夫婦の週収入一二シリングの五分の一に相当した。資格医師の診断書は低賃金労働者にとってはいうまでもなく、普通の賃金の労働者にとってもきわめて高価なものであった。資格医師の数が少なかったこととあいまって、資格医師の診察は労働者にとって縁遠いものであった。

なおこの登録官は、資格医師のリストは持っていないが、かれの担当地区で誰が資格医師か、その名前と署名はよく知っていると答えた。

もっとも問題であるのは、死亡した子供が資格医師の診察を受けていなかったばあいの死亡原因の決定である。前記の登録官は、「戸籍登録官が知的であれば、かれの一般的な知識によって死亡原因を確認できるから、それに従って死亡原因を登録簿に記入する。」すなわち、「親に症状をたずね、さらにいくつかの質問をだし、それへの答え、答える様子などから死亡原因を確認する」というのがそのやり方であった。戸籍登録官の一般的な常識に頼るこのようなやり方で、死亡原因が確実につきとめられるとは誰も考えはしない。委員たちは登録官への質問を次のように進める。

「殺された子供がいても資格医師の診断書がなかったとすると、あなたにわかることの全部といえば、死亡原因についての親の説明だけですか？」――「そうです」

「その子供は無資格医師の診察を受けていたと親がいったばあいには、その無資格医師に死亡原因を聞くのですか？」――「いいえ」

「それではじっさいのところ、あなたの手許の判断材料は親の説明以外なにもないということですか？」――「その通りです」

「もし親がその子供を殺したとしますと、親はあなたに「子供を殺しました」とはいわないでしょう？」――「もちろんいうはずはありません。しかし私はその親に、死亡原因と、その死亡原因の説明が正しいかどうかを私に判断できるように、症状をいうように要求します。肺炎で死亡したと親がいったとしますと、その症状を説明するように要求します。もしその症状が病気と一致しないときには、私の心に疑惑が生まれます」

「今のようなケースがあったとしますと、死亡原因についての本当の事実は、あなたの登録が完了した後で明らかになるのですか？」――「登録の後で犯罪事実が発覚したことは私の担当地区にはまったくありません。私の登録の進め方をしますと、もし子供に対して何か不正な扱いがあれば、きっとそれが見つかるにちがいないと信じています」

登録官が親の説明に疑惑をいだくと、そのケースを検死官に送る。かれは在職一六年の間に、一二のケースを検死官に送り、検死官は親を呼んで調べ、そのうち三つのケースについて検死をおこなった。それが犯罪によるものであったかどうかは、この証言からはわからない。埋葬給付目当ての子供殺しは、マンチェスターでは一件もなかったと他の証人が証言している。

産業都市の子供たち

埋葬給付目当ての幼児殺人事件がイギリス社会を震撼させた背景には、露見しなかった、あるいは裁判で有罪を立証できなかった幼児殺しが、かなりの数存在するのではなかろうかと、人びとに疑いをいだかせる条件があったからである。その原因がまず貧困にあったにしても、いくつかの新興産業都市の幼児の異常に高い死亡率は、なぜそのように高くなるのか、人びとに疑惑をいだかせるに十分であった。

産業都市プレストン（ランカシャー）では、出生後五歳未満の幼児の死亡率は、幼児を世話する十分な手段をもち、最善の医療看護をつけられる上流階級の子供では一八パーセント、すなわち生まれた子供一〇〇人のうち五歳になる以前に死亡する数一八人、中流階級の子供のばあいには三六人から三七人が死亡、労働者階級の子供のばあいには五五人から六〇人が死亡した。また同じ年齢層で、埋葬協会に加入している幼児の死亡率を見ると、出生一〇〇人のうち六二人から六四人が五歳になる前に死亡した。しかし厳密にいうと、プレストンにあった埋葬協会のほとんどは二ヵ月にならない幼児の加入を認めなかったから、埋葬協会会員の幼児の死亡数は本来なら労働者階級の幼児の死亡数より少なくなければならないのに反対に多くなっている。これらの数字はプレストンの牧師が調べたもので、とくに埋葬協会会員の幼児死亡率は二つの埋葬協会の数字だけから計算されているから、そのままの一般化は危険である。

●産業都市ニューカースルの街頭風景（1880）

一八九ページの二つの統計表（表2、表3）は右のプレストンの数字から一〇年以上後の、一八六一年から七〇年までの一〇年間の、年平均の数字である。もとの数字は戸籍長官事務所が王立友愛協会委員会に提供したもので、当時のもっとも正確な幼児死亡率の数字である。表3は表2から計算されている。

表2からいえることはまず第一に、死亡率のとくに高いリヴァプールでは、イングランドの二倍も高い死亡率で、一〇〇人生まれても五歳になる以前に五三人が死亡したことである。他の四都市はすべて急膨張した産業都市であったが、出生一〇〇人中四〇人前後は五歳になるまでに死亡した。第二に、これら産業都市の五歳になるまでの幼児死亡率は、イングランド全体の二倍ないし一・五倍と大きかったから、この時代の幼児死亡率はその出生、居住地によって、すなわち、下層住民を吸収して急成長する産業都市か、下層住民が流出してゆく、発展からとり残された地方であったかによって、非常に大きい差があったことである。

第三に表3によると、リヴァプールでは一歳以上の各年齢で、イングランドの二・七倍から二・三倍のきわめて高い死亡率であるが、零歳ではイングランドの一・七倍の死亡率にとどまっていることである。イングランド全体と比較して、零歳の死亡率より一歳以上の各年齢の死亡率が高くなっている都市は、リヴァプールのほかにマンチェスター、リーズ、シェフィールドである。幼児の間は、出生後の生存日数がふえるにつれて、すなわち出生の時か

表2　特定年齢の，人口100人当たり年平均死亡率(1861-1870)

	0歳	1歳	2歳	3歳	4歳	出生後5歳未満
イングランド	18.0	6.9	3.4	2.3	1.6	26.2
リヴァプール	30.5	18.5	8.3	5.3	3.7	52.6
マンチェスター	25.1	13.6	6.3	4.1	3.1	43.6
リーズ	25.6	12.2	5.1	3.2	2.1	41.3
プレストン	26.1	10.1	4.6	3.0	2.1	39.8
シェフィールド	23.7	10.7	5.4	3.6	2.4	39.4

表3　表2をもとにイングランドを100とした年平均死亡率の比較表

	0歳	1歳	2歳	3歳	4歳	出生後5歳未満
イングランド	100	100	100	100	100	100
リヴァプール	169	267	240	234	226	201
マンチェスター	139	196	183	180	189	167
リーズ	142	177	149	140	128	158
プレストン	145	146	135	131	126	152
シェフィールド	132	155	158	159	147	151

(典拠)表2，3ともに4th Report of Royal Committee on Friendly Societies, 1874, Part I

ら遠ざかるにつれて、死亡の危険は急速に小さくなってゆく。これは経験的によく知られた傾向であったが、それが右の四都市では、この傾向すなわちイングランド全体の示す傾向から、大きくずれていることに問題がある。零歳の死亡率がイングランドの一・七倍であったリヴァプールで、一歳で二・七倍に大きく上昇し、その後の各年齢で二・三倍から二・四倍であるのはなぜか、ということである。すなわち、出生後五歳未満の死亡率がイングランドの二倍であるから、零歳から四歳までの各年齢の死亡率がいずれも二倍前後であるのが自然であると思われるのに、なぜ零歳の死亡率が一・七倍と低く、一歳になって二・七倍にはね上がったのか、という当然の疑問が生じる。いいかえれば、幼児死亡率のあるべき自然の傾向をかく乱したものは、幼児に対する埋葬給付ではなかろうかという疑問であった。

たとえば「リヴァプール・ロイヤル・オーク埋葬協会」役員の証言は、「子供たちはしばしば、生まれるとすぐ埋葬協会に加入する。埋葬協会のすべてではないにしても、リヴァプールのほとんどの協会の規約は、五二週払いこんだ時に埋葬給付の満額が支給されると規定している。そこでリヴァプールでは、幼児が満額給付に対して請求権が発生した時に、符節を合わせたように幼児死亡率の大増加がおこる。しかもそのような高い幼児死亡率は、体質が虚弱なその後の三年（二歳、三歳、四歳）の間続く」といった。

このように子供に対する犯罪の動機が埋葬協会から金を受けとることにある、と考えた証人はかなり多かったが、それは明確には説明できないささいな根拠からでてきた疑惑であったといえた。たとえば右のリヴァプールの幼児死亡率についての証人が考えたように、子供が一歳になるまでは親は子供が死なないように世話をし、子供が一歳になって満額の埋葬給付が受け取れるようになると、手のひらを返したように子供の世話をせず、死ぬにまかせるような親がありうるだろうか？　あるいはまた、体質が虚弱な零歳の赤ん坊の死を、親の世話によって一歳以後になるまで引き延ばすといった、医師にもできないことを親ができたのだろうか？

　この問題に対するひとつの有力な説明は、戸籍長官の報告からひきだすことができる。それは、「アイルランド人移民が幼児死亡率を非常に高めたので……一八四九年のリヴァプール市では、五歳未満の幼児の死亡数はそこで生まれた数より数千人多くなった」という報告である。リヴァプールはアイルランドからの移民の受入港であったと同時に、イギリスから北米への移民の出発港でもあった。五〇年代以降になると、北米への移民はアイルランド人よりイギリス人の方が多くなるが、移民の大多数が貧民家族で構成されていた事態は変わらない。すなわち産業都市への貧困労働者の流入は、それよりも恐らく数の上で多い幼児の流入であったから、一歳以上の各年齢の幼児の数は、そこでの出生数より相対的増加が大きく(幼児の一歳ごとの流入数がわかれば、その中で零歳児がもっとも少ないのは確実であるから)、一歳以上の幼児の年齢別死亡率をイングランドと比べたばあい、零歳児のそれより高くならざるをえなかったのである。

　高い幼児死亡率をひきおこすもっとも根本的な原因が貧困にあったことは明らかであるが、それでは貧しい親の子は、なぜ幼児の間に死ぬことが多くなったのか？　この問題を不十分な食物、病気のばあいに医師の治療を受けられなかったこと、居住環境の不衛生等については除いて、一八五四年議会委員会の証言から見てみよう。

産業地方の一〇歳未満の子供の高い死亡率は、この委員会ではどうすることもできない原因によって大きくなっている。アイルランドからの人びとがその上昇を大きくした。町を通り抜けてゆくアイルランド人女性を数百人は見てきたが、彼女たちは赤ん坊を背中にくくりつけ、二、三歳の幼児は自分で歩いていた。子供たちの多くは飢餓ときびしい生活から、虚弱であるのは疑う余地もなく、ひとの混みあった、換気の悪い部屋に住むことになるから、ほどなく死亡統計の数字を大きくするにちがいない。

この証言者はアシュトン・アンダー・ライン（ランカシャーにあり、マンチェスターの東一六キロ）の住民であった。

貧しい労働者の妻の多くは、しばしば出産の床につくぎりぎりの日まで工場で働かねばならなかったが、そのことが母親にも子供にも有害であったのはいうまでもない。その上彼女らはひと月もたたないうちに、再び仕事に戻り、母親と同じほどには子供の面倒を見てやれない小さな子供や、ほかの女性に赤ん坊の世話をまかせる。このような情況では、強い子供

●〈苦汗労働のほら穴〉といわれた仕事場で働く人びと（19世紀後半）

しか生き残れなかったのは明らかである。

マンチェスターでは一八四〇年代中ごろまで、子供に催眠薬を飲ませることが習慣的であった。その他にも、アヘンチンキを含む「ゴッドフリー強壮剤」が売られていて、母親は仕事に出かける時、子供を静かにさせるためによく飲ませていた。これらの薬がただちに子供の死をひきおこしたのではないにしても、子供の体質を弱くし、死にいたる他の病気を招くところに問題があった。四〇年代の前半に、ある医師の努力によってこの習慣は途絶え、「子供たちはたいへん健康になった」と登録官は語るが、一八六〇年代の高い幼児死亡率から見て、一八三〇年代、四〇年代のマンチェスターのそれは恐ろしいほど高かったにちがいない。

一八七四年王立友愛協会委員会報告書にある検死官の意見には、埋葬協会をきわめてきびしく批判するものがいくつかある。

「埋葬協会に子供の死亡時の埋葬給付を保険している親は、一般的にいって、子供の世話をいっそうほったらかしている。」

「子供の埋葬費用を準備してあるという意識から子供の面倒を見ない。」

「埋葬協会に加入しているために、医療の援助を求めねばならぬ肝心の時に、親の大きな不注意と怠慢を招いている。ある家族に四人の子供がいたが、今では一人しか生き残っていない。死亡した三人のうち二人の検死をしたが、それは親の大きな不注意と怠慢を示していた。」

しかしこのような見方は、物事の原因とその結果を逆にしている。すでに見たように、子供を埋葬協会に加入させて埋葬費用の準備をしたから子供の世話をしなかったのではなく、貧しい生活のために子供の世話ができず、また労働者階級の子供のとくに高い死亡率という恐ろしい現実があったからこそ、子供を埋葬協会に加入させたのである。

集金埋葬協会の実態

埋葬協会についての説明をもう少し補足しておこう。サンディス事件の埋葬協会、「博愛埋葬協会」はストックポートにあった「牡牛の頭亭」に事務所をもっていた。会員は七〇〇人、ほとんど全部が幼い子供たちであった。

会員になりたいものは、週一ペニーの支払いを一三週続けた後、完全会員と呼ばれて給付への請求権をもつ。完全会員は集金があるごとに一ペニーを支払わねばならないが、一年間の支払い額は大体二シリング六ペンス（＝三〇ペンス）であった。毎週集金があったとすると、一年の支払い額は四シリング四ペンス（＝五二ペンス）になるから、毎週集金があったわけではない。

完全会員が死亡すれば、遺族が受けとる埋葬給付は現金で三ポンド一〇シリング、その他に二シリング分のリキュールであったが、それを受けとる遺族は協会の集金人たちに一シリング六ペンス支払わねばならなかったから、現金純手取り額は三ポンド八シリング六ペンスであった。

サンディス事件で殺された子供の一人は、加入して一五週しかたっていなかったから、給付を受けとれるようになってわずか二週間後に殺された。サンディス夫婦とその弟夫婦で、あわせて三人の子供の死亡があり、そのたびごとに三ポンド八シリング六ペンスの手取りがあったわけである。子供の葬式はできるだけ安上がりにすますため粗末なものであったから、一五シリングあまりですんだと見られ、差額として二ポンド一三シリングが親の手許に残ったと推定されている。

この埋葬協会は給付の支払いを一度も拒否したことはなく、この三件の死亡のいずれにも死亡当日に支払った。一〇月一二日午前中に死亡したマリアンヌのばあい、協会役員は「牡牛の頭亭」のパブに昼一二時に集まり、食事の時間に父親ロバートを呼んで支払った。

埋葬協会は一般に、会員の死亡の原因が犯罪にあるかどうかには関心をもたなかった。原因が犯罪にあるばあいには、埋葬給付への請求を不正な請求として支払いを断らねばならないが、そこに犯罪の疑いを感じても、立証がきわめて困難であることは、サンディス事件でわかる通りである。埋葬協会にとって何より恐ろしかったのは、わずかな額の給付の支払いを断ったばかりに、その協会の悪いうわさが立つことであった。地方的な小埋葬協会にとって、悪いうわさは致命的であった。それゆえこのような埋葬協会は、「支払いは早いほど良い」と考え、行動した。

埋葬協会への加入の年齢、入会後何週間の会費納入で給付への請求権が発生するか、さらに埋葬給付額等は埋葬協会によって違ったが、同じ地域や都市の中では次第に同じ条件になってゆく傾向があった。しかし地域や都市が違えば、右の条件にはかなりの差があった。たとえばハイド（チェシャー、マンチェスターの東一六キロ）では、年齢一ヵ月で入会を認め、入会後六ヵ月の会費納入で給付請求権をもった。プレストンでは年齢二ヵ月で入会を認め、一六週の会費納入で給付請求権が生じた。ストックポート、リヴァプールについてはすでにふれたが、条件はそれぞれ違っていた。

子供の埋葬費も地域ごとに異なる。プレストンでは一ポンド五シリングであるが、これは牧師の証言であるから、極度に切りつめた実費のみであって、じっさいとはかなり違うものであったと思われる。ストックポートでは、一二ヵ月の子供の埋葬費は四ポンド一四シリング六ペンスと計算された。ハイドでは九ヵ月の子供の埋葬費は、樫の棺に八シリング、経かたびらに三シリング六ペンス、葬式喪章の借り賃三シリング、六人の棺担い手に飲食を含めて六シリング、埋葬料一〇シリング、入棺をおこなう二人に二シリング、友人と隣人の飲食に六ペンスずつ二四人で一二シリング、霊柩車や馬車を用いれば一〇シリング、合計二ポンド一四シリング六ペンスになった。もし一〇歳の子供であれば、これにさらに一二シリングを加えた三ポンド六シリング六ペンスになると計算された。ウィガンでの子供の埋葬費は四ポンドであった。

当時の子供の葬式は葬儀屋ではなく、死んだ子供の親が棺を注文して作らせ、その他の必要な品物を買っておこなった。アシュトン・アンダー・ラインには葬儀屋はなく、子供の葬式は親がとりしきる慣習が続いていた。ハイドの証人も、「知らない人が家に入ってきて、私の家庭内のでき事をとりしきるのは許しません」といった。かつて共同体の重要な共同の儀式であった葬式が、地方小都市では葬儀屋の商業的儀式にまだ取ってかわられるにいたっていないこと、あるいは次第に後者に移行しつつあったことを、これらの証言から知ることができる。

自助、勤勉、節約などの美徳は、産業資本主義時代のイギリス社会を代表する思想であった。社会を代表する思想というのは、それが民衆をとらえ、民衆を動かした思想であったという意味であるが、その意味でそれをもっともよく体現した自主的な労働者と民衆の組織が友愛協会であった。

友愛協会は一九世紀後半には四〇〇万人を超える会員数をもつまでになった。しかしこの会員数の増大は、貧困な労働者に性急に自助を要求する性質をもっていた一八三四年の新救貧法が、もともと自助の可能性に乏しく、その効果も少ない極貧の階層まで、自助に走らざるをえない状況に追いやったためでもあった。このことが、まったく自発的な労働者の組織として生まれ、少なからぬ欠陥組織をもっていた友愛協会の中に、自助と倹約の組織としてはもっとも効果の少ない集金埋葬協会を生み、それを急増させることになった。そうして、もっとも貧しく無知な人びとの零細な会費から、短い年月の間に莫大な利益を手にした人びとが少なからずこの分野に生まれた。近代的な大生命保険会社が生まれたのもまたこの分野であった。

友愛協会運動全体を代表したものは、いつの時代でも疾病給付をもつ友愛協会で、この型の友愛協会の動向がその後のイギリスの歴史の転換、すなわち二〇世紀はじめの社会保険制度の成立、第二次大戦後の福祉国家制度の出発に密接にかかわっていた。友愛協会の運動の歴史を見てゆくことは、それが労働者と民衆の生活維持の必要から生まれ、発展した組織であったという意味で、少なくとも第二次大戦後の生活保障制度の成立まで、労働組合運動および救貧制度と密接な関連をもち続け、また同じ理由によって、近代的生命保険の発生と発展、社会保険制度と福祉国家制度の成立に、深くかかわりつつ重要な役割を演じたことを考えてゆくことである。

6　ヴィクトリア時代の家事使用人

「私は退屈していた。」十分な教養を積んだ知識階級の若い女性がある日突然、退屈しのぎばかりに精力を費やす生活にばからしさを覚えた。なんとかしなくちゃ。仕事をして自分でお金を稼いでみよう。そして、彼女は「コック・ジェネラル」と呼ばれる料理人兼女中業に志願する。この彼女が、自分の家では一度も料理をする機会がなかったというのがおかしい。(彼女自身の家では三〇年来台所をとりしきっているコックがいて、台所用品は全部自分の物だと思っていて、誰かがこっそりこのコックの領分に侵入して彼女がていねいに使いこんできた鍋類をいじりでもしようものなら、大騒ぎになるのである。)主人公は周旋所を手づるに、通いや住み込みで、大家族の、独身男の、新婚夫婦の、はたまた使用人が十数人もいる地方の名家の、各家庭を転々とし、さまざまの経験をする。情け深い家族もあれば、そうでない家もあった。裕福な主人もあれば、そうでもなさそうなものもあった。でも家事使用人の生活はどこでも同じ。朝から晩までただひたすらに人に仕えることに変わりはない。あげくの果てに、心身ともに疲労困憊の極みに達した彼女は、「台所仕事につきもののみじめさについても知りすぎるほど知ってしまった」と言って、この稼業から足を洗うのである。

これはモニカ・ディケンズが一九三九年に出版した半自伝的小説（高橋茅香子訳『なんとかしなくちゃ』）のあらすじである。そこではまだよき時代の名残りをとどめたイギリス中産階級の生活がのぞかれる。モニカ・ディケンズはヴィクトリア時代の文豪チャールズ・ディケンズ（一八一二〜七〇）の曾孫にあたる。曾祖父ディケンズの小説の中にも幼い雑働き女中がいっぱい出てくる。ある者はみじめで、ある者は陽気である。戯画化されていても、そこには現実の家事奉公の生活が写し出されているように思う。

本章で取り扱うのは、まさしくチャールズ・ディケンズの活躍していた時代である。しかもモニカのようなかりそめの「お手伝いさん」ではなく、やめる自由などまったくない真の家事使用人階級を対象として取り上げるのである。

家事使用人を雇っているか、いないか

一九世紀最大級の政治家、ベンジャミン・ディズレーリは若いころいくつかの小説を書いた。そのうちのひとつ、『シビル』（一八四五）の中で、かれが富める者と貧しき者とを「二つの国民」として描いたことはあまりにも有名な事実である。このような社会的区分は、農

村の伝統的な生活においてよりも、工業都市においてより一層顕著であった。

これより約半世紀近く時代は下って、ヨークの、チョコレート製造を業とする有名な家族の出身であったベンジャミン・シーボーム・ラウントリ（一八七一～一九五四）は、統計的調査を基礎にして、「二つの国民」という社会的区分を別の言い方で表わした。実業家というよりはむしろ博愛主義者でかつ社会学者でもあったラウントリは、約一〇年前にチャールズ・ブースがロンドンで実施した貧困に関する社会調査に深く心を動かされた。そして、自らの居住するヨーク市において戸別調査をおこなって、いわゆる「貧困線」の概念を設定し、のちに社会科学の領域での古典的文献となる『貧困、都市生活の研究』（一九〇一）を著わした。その調査分析の中で、ラウントリは「家事使用人を雇っているかいないか」という相違によって、労働者階級とそれ以上の社会階級とを区別することができる、とした。たしかに、ヴィクトリア時代のイギリス社会は大きくいって家事使用人を雇用する人びととそうでない人びとの二つのクラスに分かれており、その二つのクラスはディズレーリの「二つの国民」にほぼ該当したのである。それ以来、この区分法は一般に用いられるようになった。

いま、社会を二つのクラスに分けたが、より正確にいうなら、第三のカテゴリーとして、一九世紀末には一五〇万人近くに増大し、当時のイギリスで最大の職業上のグループを形成していた「家事使用人」の階層を取り出すことができる。ヴィクトリア時代においてこれほど多くの人びとが、この「家事奉公」の職種で生計の糧を稼いできたのだから、家事使用人の生活は社会史上、無視することのできないテーマといえよう。だが、単なる数的大きさだけから重要なのではない。ラウントリの社会的区分のメルクマールとして家事使用人雇用の有無が取り上げられたのは、一九世紀の家事使用人に、独特の社会的意味が付着していたからである。

なるほど、「家事使用人」という言葉の定義は容易ではない。ひとに個人的に奉仕する「召使い」(サーヴァント)は人類誕生とともに生まれ、現代にいたるまで普遍的に存在するものであるが、その語が含む社会的意味内容は歴史的に変化してきた。だが、今日理解されているような家事奉公の起源として、古代の「奴隷」や中世イングランドにまでさかのぼる必要はない。一九世紀に直結

●使用人のあるべき姿を教えた雑誌《サーヴァント・マガジン》1869

する時期、一七、八世紀の家事使用人については、すでに一九四九年に社会史研究に一時代を画した女性研究者ドロシー・マーシャルの研究が残っている。本章が取り扱うのは、都市化・工業化の進行とともに急増していった一九世紀の家事使用人階層である。そのような家事使用人の生活について具体的に語る前に、まず、その時期の家事使用人階層の極端な膨張の社会的背景と、その時期独特の家事使用人の特徴とを述べておかねばならない。

ホーム・スウィート・ホーム

産業革命以後の諸変化は、イギリスの家庭生活の諸条件を大幅に変えてしまった。すなわち、これまで家庭でおこなわれていた生産活動が次第に工場に移されて、経済的単位としての家族の役割が減少していったことによるものである。だが、経済的単位としての家族の機能が弱まった反面、ヴィクトリア時代の「家族」は、精神的な自足の単位としての側面を強化し、堅実でノーブルな社会制度としての概念を強めていった。とりわけ上昇するミドルクラスは、家族および家庭の神聖さを非常に強調するようになった。当時イギリスの女性の義務について一連の書物を著わして、相当の人気を博したエリス夫人の一節を引用しておこう。「……外からは秩序や安楽が家庭内で保持されているように見えるべきであるのみならず、すべての家庭的光景のまわりには信頼という強力な壁がめぐらされていなければならない。いかなる内的不信もそのような壁を崩すことはできないし、いかなる外部の敵もその壁を突き破ることはできないのである」（『イングランドの女性』一八三九）。このように、家庭というものは男性が外の実業生活の諸々の試練から生気を回復することのできる城であり、世俗の利益追求の、激烈なまでの闘いからの避難所であった。たしかに、産業や商業にかかわる外的世界の厳しい競争場裏と家庭の「平和」とのこのような対照は、ヴィクトリア人の心情にもっとも訴える力を有したのである。あの甘ったるいバラッド「ホーム・スウィート・ホーム」（「埴生の宿」）は一八七〇年代以降にポピュラーになったが、この賛歌などはおそらく一九世紀中葉の家庭的理想をもっともよく表現したものであろう。実業における成功・繁栄と、堅実で「お上品な」家庭生活の保持とは、対をなして、世紀中葉のミドルクラスの理想を表現するものであり、その理想はまさに独立独歩のヴィクトリア人にぴったりするものであった。

一八五〇年から七〇年にかけての時期は、とりわけミドルクラスの諸階層にとって未曾有の繁栄期であった。物価は上昇したけれども、所得の方がより急速に上昇した。高価な飲食に、贅沢な住居に、そして家庭の必需品一般により多額の金が費やされた。戸内戸外の種々の仕事に従事する専用の使用人がますます多く雇われた。家庭で頻繁にディナー・パーティが催され、毎年定例の休暇を海辺のリゾート地や海外で過ごした。馬車を所有し、御者か馬丁を雇った。息子をパブリック・スクールからオックスブリッジにやり、娘の教育にはガヴァネスと通称された住み込み女家庭教師を雇うといった風に、上流階級の慣行を模倣した。要するに、ミドルクラスの家庭においてその収入の増加に応じて、上昇する経済力とリスペクタブルな社会的地位のシンボルとして、さまざまの有形無形の道具立てがととのえられていったのである。これらにお金を投下することは文化的生存のための必要条件であり、社会的評価を受けるために外部に誇示するという形で現われたので「衒示的消費」と称される。

そして、これらミドルクラスの家族の「地位の象徴」としての道具立てのなかでも絶対に欠くことのできなかったのは、最低一名の家事使用人の雇用であった。そのほかの道具立てを自らのものとする余裕はなくても、たとえカーペットはぼろで、家具はみすぼらしく壊れていようとも、年に一三〇ポンド程度の低所得のミドルクラス最下層の家庭でも、なんとかして一人のメイドを雇っておきたいと苦しい努力をしていたのである。社会の中流の階層における生活水準の上昇が、古くは貴族・ジェントリ階級のみの慣行であった家事使用人雇用に対する需要の増大を生ぜしめたのは、すでに一七世紀ごろからであった。だが当初、この変化はゆっくりと進行していたにすぎない。ところが、この傾向は一九世紀に入るや急激に加速化されて、さらに一層強化されつづ二〇世紀初頭まで続くことになるのである。

パーフェクト・レディ

すでにみたように、ヴィクトリア時代の家事使用人は、かれらを雇う家族の社会的自負と威厳の保持のために欠くべからざるものとして求められた。だが、かれらはただステータス・シンボルとしてのみ必要とされたわけではない。現実に家事使用人による家事奉公という労働形態を採用せずには、ミドルクラスの家政が完全に機能しえなくなっていたのである。そして、そのような専門的使用人を雇うことの前提には、使用人が賃金と引き換えに従事する仕事を、女主人たちが自らおこなわなくなっているという事情があった。つまり、家事使用人の雇用主たるミドルクラスの女主人が、もはや家政の実際面には携わらなくなっていたのである。したがって、ここで、工業化の進展とともに生じてきた女性、とくに既婚女性のあり方の変化――とりわけ社会の階梯を上昇しつつあったミドルクラスの場合――について若干触れておかねばならない。

工業化以後、家庭が生産の場としての機能を完全に失い、もっぱら消費行動の場に変わることよって、「二つの国民」の上層部の女性の隷従・遊惰は決定的となった。一八五〇年代および六〇年代ごろにはミドルクラスの女主人は、「永遠に食料品貯蔵室や台所の上にまつりあげられて下には降りてこないように」なった。とはいえ、彼女たちは骨の折れる不愉快な家事労働をただ単にさぼって避けていたわけではなく、自らが属している社会的地位の人間に期待される規準を満たそうと努めていたのである。「妻たる女性はだれでも、その資産が増加するにつれて、労働を伴う家事のことごとくを他人の手に委譲する。それだけの余裕ができるやいなや、彼女はまず通いの洗濯女を、それから雑役婦を、次に料理人兼女中を、一人か二人の乳母を、ガヴァネスを、彼女自身の侍女を、家政婦をといった順に雇っていく。そしてそれら使用人への支払いが彼女の資産を超えてさえいなければ、そのように次々と家事使用人を増やしていく彼女の行動が途中でとがめられるということは一切ない」（M・テーラー『女性の第一の義務』一八七〇）。遊惰・無為が「パーフェクト・レディ」の最大の徳目として積極的に奨励され、女性の遊惰という生活様式そのものがステータス・シンボルとなり、ミドルクラスの家庭的理想を完結させるものとなった。台所は社会的威信を誇示すべき場所ではなかった。「女性が家庭の雑事に活発に介入することと、洗練された文化とは相容れない」ものだったからである。実際、ジェントルウーマンは家庭内でも往々にして手袋をはめ

●遊惰・無為を最大の徳目としたパーフェクト・レディ（1860）

ていたが、それは彼女らが家事労働から「解放」されていることを示すためであった。既婚女性の務めはホステスとしての才覚を発揮し、また衒示的消費を自ら実践することによって、妻子を贅沢な遊惰の内に扶養できるという夫の能力を対社会的に誇示することであった。

このように、一九世紀の家事使用人雇用の増大の背景には、パーフェクト・レディとしての有閑女性が存在した。と同時に、逆に、ミドルクラスの女性が実際の家事労働から解放されるのは、ただ安く数多い家事使用人の供給があったがゆえに保証されたのである。すなわち、家事使用人も女主人もともにステータス・シンボルであり、しかも相互に補完し合う関係にあったのである。

家事奉公における女性の優位

家事奉公という職業領域における一九世紀的特徴として、第一に家事使用人の女性化ということが挙げられる。このように言うと、幾分奇異にきこえるかもしれない。家事使用人といえば、まず女性を頭に思い浮かべるのがおそらく普通であろう。だが、イギリスにおいて家事使用人が本来的に女性であったわけではなく、女性の圧倒的優位はむしろ一九世紀のミドルクラス的現象なのである。家事奉公の中でも執事、園丁、御者、馬丁といったものはつねに男性の職種であったが、台所を中心とした家政の領域も、工業化前の上流階級の家庭ではほとんどが男子によって担われていたか、あるいは数的に男子が凌いでいたのである。たとえば、一七世紀の例を二つ挙げると、ベドフォード伯のウーバーン・アビーでは「台所に女性は一人もいなかった」し、ドーセット伯爵夫人の家政の記録では、男子の家事使用人九三人に対して女子は二一人であった。

しかしながら、とくに一八世紀の間に賃金が急速に上昇し始めたことと、男子の使用人が自立と不従順という雇用主にとって歓迎されざる精神を示すようになったことで、この状況は変わり始めた。この賃金上昇の傾向は、フランス革命期の対仏戦争のインフレによって、一八世紀の最後の一〇年間に強められた。しかし、主たる原因は一八世紀からの「商工業の急速な膨張に伴ってミドルクラスがますます発達した」という事実にあった。いやます繁栄は、このころから次第に家事使用人に対する需要の増加をもたらしつつあった。使用人に対する需要の増大につれて、賃金が高くなっていくのは必然の理である。さらにもう一つ、男子の家事使用人が減少したことの理由がある。それは、男子の家事使用人雇用に対して雇い主に課された使用人税である。一七七七年にときの首相ノース卿が、アメリカ独立戦争での出費を埋めるために、男性の家事使用人に対して一人あたり一ギニーの税を導入した。一七八五年には、一人ないし二人の男子使用人の雇用主は一年につき一人あたり一ポンド五シリング、三人か四人の家事使用人雇用の世帯では、一ポンド一〇シリング等々と男子使用人の数に応じてスライディング・スケール式にふえていった。一一人以上の雇用主は、一人につき年三ポンド支払わねばならなかった。そのうえ、使用人が独身男性であった場合には、以上の基礎的な税の上に追加徴収、一年一人あたり一ポンド五シリングがあった。また馬丁や御者のように華美な制服と髪粉をつけた男子使用人雇用に関してはさらに余分の課税があった。一九世紀初頭には、この使用人税はさらに高騰し、たとえば一一人以上の場合、一人あたりなんと七ポンド一シリングという驚くほど高額になっている。工業化が進み、産業上の職業領域での需要が増大しているときに一人前の男性を家事奉公で雇用することを「贅沢」

とみなすようになったためで、一種の贅沢税と解釈され得る。男子使用人の雇用を贅沢とする見方は、使用人税の継続（法的には一九三七年の廃止まで）によって強調され続けた。ただし、税額はその後実質上軽減され、一八六九年以降一人あたり年一五シリングにとどまっていた。

このように、賃金の上昇と税の高騰という雇用主にとっての余分の負担は、男子の労働に代わって、より安くしかも従順な女子の労働力を雇用する傾向を明らかに助長することになった。この傾向は一九世紀の間に、家事奉公以外の男子の職業領域の拡大によって強められた。その結果、一九世紀の初めには女子と男子の比率は八対一であったの対して、一八八一年のセンサス・レポートでは二二対一と女性が圧倒的に男子を凌駕したのである。それでも、ヴィクトリア時代初期ではまだ、一人でも男子使用人を雇用することがジェンティリティを志向する人びとにとって不可欠のこととみなされ、一八四〇、五〇年代に良い生まれの貴婦人が、ロンドン市中を「男子使用人を従えずに散歩すること」は恐るべきことであったという証拠が存在する。だが、次第に一九世紀末までに、上流の階層を除いて、家事奉公における男性の労働力は、より安い女性の労働力にとって代わられていったのである。

お仕着せの着用

ヴィトクリア時代の家事使用人のもう一つの一般的特徴は、お仕着せ、つまりユニフォームの着用ということである。一九世紀以前は上流の家庭において御者、馬丁といった戸外の仕事に従事する男子使用人は金のかかる着飾りようで髪粉まで使用していたが、女子の場合はなんら特別の制服はなかった。女中はしばしば女主人のおさがりを着ていた。もしも女子の使用人が戸外の散歩で女主人に同伴していても、知り合いでもなければ、服装からは「女主人と女中を見分けることは容易でない」ということが不満として表明されたりした。早くも、ダニエル・デフォーがこの点を苦々しく思い、「女中はその立場にふさわしい制服を着けているのが望ましい」と提言している。デフォーの提言には直接的反応は現われなかったようであるが、一九世紀初めごろから次第に様子が変わり始めた。戸外ではまだかな

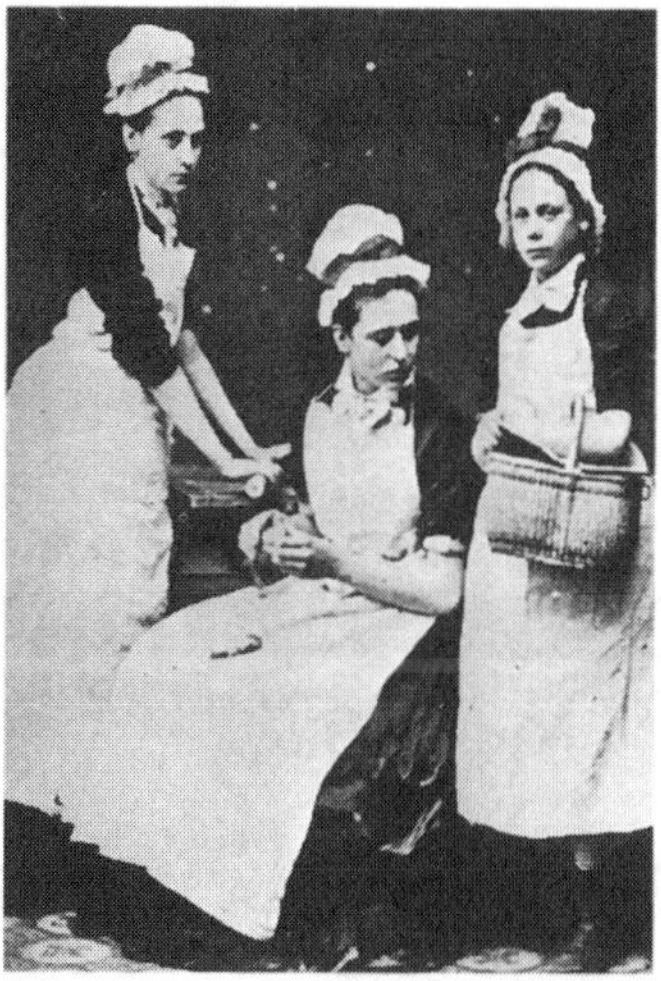

●お仕着せ姿のメイド（1874年ごろ）

り自由であったものの、女子の家事使用人は戸内の任務のためにシンプルな衣服を着用するのが普通になり、次第にそれが定服化していった。家庭によってさまざまな相違はあるものの、概して、朝はプリント地の服に白のキャップとエプロン、午後は黒服というのが、ゆうに二〇世紀の先まで続く特徴的な女子の家事使用人の服装となった。

このような女子のお仕着せの着用は、一九世紀における家事使用人雇用の社会的意味と深い関係を有しているので、いま少し立ち入ってながめておきたい。

家事奉公における一九世紀のもっとも重要な変化は、家事使用人の雇用数の増加である。それとともに、家事使用人雇用が「リスペクタビリティ」のしるしであり、社会的地位の指標であるという見解が、ミドルクラスの最下層にいたるまで拡がっていった。家事使用人雇用の社会的意味が、貴族・ジェントリ階級であることにあった一八世紀までは、とりわけ上層部においては男子使用人が多く、家事使用人の総数はそれほど大きくはなかったが、一雇用主あたりの使用人の数は多かった。ところが、一八世紀末から一九世紀にかけて、家事使用人は数のうえできわめてドラスティックな増加をみながら、一九世紀末には労働人口中最大のグループとなり、家事奉公の担い手は男子から女子に移っていった。そして一方においては、前の時期のように数多くの使用人を雇用する貴族階級があるものの、他方では一人ないし三人ぐらいの家事使用人を雇用するいわば「零細な」、ミドルクラス下層の雇用主がおおぜい存在したのである。したがって家事使用人雇用の社会的意味は、労働者階級とミドルクラスを分かつ社会的シンボルということにあった。そうなると、雇用主と使用人の間の区分線を一層しっかりと引いておく必要が生じてきた。たとえば、一七世紀中葉にサミュエル・ピープスとその妻は、かれらの使用人を友人か仲間のように取り扱っていた。思うに、かれらがそのような鷹揚な態度をとることができたのは、かれらが堅固な安定した社会的立場を維持していたからであろう。

ところが、一九世紀に肥大化していった家事使用人雇用階級にとって事情は違っていた。かれらの社会的地位が雇われる人間のそれに近ければ近いほど、その間の区分線を明確に引いておくことがなによりも重要となった。使用人の社会的立場が主人のそれより低いのは、「新旧約聖書の中に定められているが如き神の明白な意志」であると、家事使用人の肝に銘じさせる必要があった。その結果、使用人に制服を着用させることが重要な意味を有したわけで、雇用主の階層が下がるほどそのことに固執したのである。

基本は三人――コック、パーラーメイド、ハウスメイド

社会的威信を保とうと努める一九世紀の家族にとっては、少なくとも一名の家事使用人が必要欠くべからざるものであった。この一名という基本的ミニマムを超えて雇用される使用人の数は、その雇用主の社会的地位の大ざっぱな指標とみなされた。たとえば、ディナー・パーティを開いたホステスは、そのテーブルの席順をそれぞれの客が雇用している使用人の数に応じて決定したという話もある。富裕な家族は財力に余裕のあるだけのスタッフを雇って、自分たちが有力な人物であることを世間に対して誇示することができた。それゆえに、ひとくちに家事使用人雇用階級といっても、その社会的地位と収入において、したがって雇用する使用人の数において大幅な開きがあった。また都市と田舎との地方的な差違もあった。上には二〇〇～三〇〇人という膨大な家事使用人のグループを擁する貴族階級があり、下には年収一三〇ないし二〇〇ポンド程度で一名の住み込み女中を辛うじて雇用している地方の小商人がいた。その中間には数十名から一〇〇名近くまでの使用人数を維持するジェントリ階級やミドルクラス上層の家族があり、また、教区牧師や専門職業階級や実業家等のミドルクラス中流の諸層で最低三名から十数名の家事使用人を雇用していた。このようなさまざまなヴァリエーションを簡単に述べることは不可能である。

だが、基本的には最低限三人の使用人、すなわちコックとパーラーメイド（食卓に侍する女中）とハウスメイド（主として部屋の掃除を受け持つ女中）の三人か、あるいは小さな子供がいる場合はコックとパーラーメイドとナースメイド（子守り女中）の三人を雇わないかぎり、この時期のミドルクラスの家庭にふさわしいようにすべてが完全に機能しているとはいえなかった。もちろん、ミドルクラスの下層に属する者は通常それだけを雇う余裕もなかったので、必要に応じて臨時に若い少女を一人手伝いに雇いながら、一人でなにもかも受けもつ雑働きの女中で間に合わせざるをえないのが往々の姿であった。しかし、かれらの所得水準が上がってくると、かれらはまず最初にハウスメイドを、あるいは子供がいる場合にはまずナースメイドを追加し、その次にコックを増やした。これ以上人数がふえる場合は、この基本線に若干の変化が加わっていくだけのことである。つまり、コックには台所女中、そしてのちには洗い場女中があてがわれた。ハウスメイドの数は増えていき、やがて使用人全体が家政婦の監督の下に置かれた。したがって、このミドルクラスの膨張期に、世帯数の増加率と雑役女中の増加率とがほぼ同じ程度のものであったのに対して、コックやハウスメイドやナースメイドの増加率は三倍以上、また家政婦のそれはほぼ六倍にもなったということはなんら驚くにあたらない。すなわち、いちばん人数が増えたのは、家事労働のより専門化された分野においてであったということである。

さらに、家事使用人雇用階級に関して、次の点に留意しておきたい。この時期には概して多数の家事使用人を擁する大世帯は割合でいえば少なくて、家事使用人の労働力全体のごく小部分しか吸収していなかったといえる。大多数の――とくに女性の――家事使用人は、一人か二人の使用人を雇った小さな家族のもとで働いていたのである。一八七一年のセンサスの示すところによれば、総数約一二〇万人の女子の家事使用人のうちの三分の二もが、「ジェネラル・サーヴァント」あるいは「メイド・オヴ・オール・ワークス」と呼ばれた、一人で何でもやる雑働き女中であった。もうひとつ、チャールズ・ブースによるロンドンの統計を見ておこう。ロンドンは全国最大の女性の家事使用人を擁し、ここでは大きな世帯が決して珍しくないが、女子の家事使用人の半分以上は一人か二人の使用人を雇う「零細な」雇い主の家庭で働いており、四名かそれ以上の使用人のいる家に雇われた者は、四分の一以下であった。「零細な」雇用主が多かったという事実は、換言すれば、家事労働力雇用の経費が増大していったにもかかわらず、ともかく一人でも家事使用人を雇う余裕のある家族の数が激増したということであり、これはまさしくヴィクトリア中期の繁栄と生活水準の上昇の表われであったのである。

●職場を求めて町へ出る娘を見送る家族

職場を求めて

冒頭で紹介したモニカ・ディケンズは仕事を求めて、地方紙の広告欄に出ていた周旋所に出かけた。では、ヴィクトリア時代の労働者階級の女性は、どのようにして家事奉公の職場を見つけたのであろうか。

彼女らの多くは非常に早い年齢で、おそらく一二、三歳ごろから奉公の生活に入ったようである。一九世紀中ごろには職探しがもっと早く始められている例もいくつかある。雇う側は、ことに社会的地位の割合低い家庭では、使用人をあまり近隣から求めることはなかった。土地の者だと、家庭内のプライバシーが外に洩れることを嫌がってのことであろう。だから、少女たちは自身の家から「少なくとも二〇マイル離れたところに」送り出されるのが普通であった。家事奉公を志願する女子は農村部の者が多く、しかもこの種のポストが多かったのは都市部（とくにロンドン）であるから、若い娘の農村地域から都会への人口移動が生じた。ヴィクトリア時代中葉といえば、一般に「女性の過剰」が論議された時期であるが、一八九一年のセンサスの報告は、家事奉公が「農村から若い娘たちを取り除きつつあり、一〇〜二〇歳の年齢群では男子が女子を大幅に凌駕するようになった」と述べている。これが世紀末ごろに若い男子の離村現象を生んだ一要因だったとも言われる。

家事奉公志願の少女は住み込みの職を入手するまでに、近隣の家庭で臨時の仕事をして、ある程度の実地の訓練を積む。それはフルタイムの勤め先で必要となる制服を買い揃えるお金を貯めるためでもあった。のちの勤め先がミドルクラスの下層であろうとも、その生活水準は彼女ら自身の貧しい環境での水準とは相当隔たりがあったから、予備訓練がまったくなければ台所用具も家具も使い方はおろか名前すら知らないという有り様だったのである。家事奉公を志す人のための家政の手引書もいくつかあったし、さらに専門の家事使用人訓練学校が設けられた。これらは通常は個人の博愛主義者か慈善的組織によって財政的に支えられていて、世紀中葉までは主として救貧院や孤児院出の子供を対象とする社会事業であった。

また、家事使用人の不足が問題となってきた世紀末から二〇世紀にかけて都市に創設されたものが多い。いずれにせよ、これらの学校は数少なく、大多数の少女が最初の職に就くまでに受ける教育は、パートの仕事を通してなされたようである。

実際に職を得る道はいろいろある。すでに奉公の生活に入っている姉妹や友人からの情報を通してとか、田舎では地元のジェントリや教区牧師の、町では商人や店主の援助や助言を頼みにする。だが、一九世紀中葉の家事奉公の求人求職のもっとも普通の方法は新聞広告であった。もちろん求職者自らにはその能力はなく、教区民の世話をやく地元の篤志家に代行して広告を出してもらうのである。こうした広告はたいてい丈夫でよく働く点を強調していた。家事奉公の労働力が増大し、その仕事が複雑化するにつれて広告の扱う職種の幅も広くなり、時折、人種的・宗教的限定が付加されたりしており、社会史の貴重な研究材料と言えそうである。また、いかがわしいものが多く不評判ではあったが、周旋所もあった。適切な運営と有用な機能を誇っていたのは、女子友愛協会（一八七四年創設）に属する職業紹介所である。

以上のような種々の手段を通した上で、実際に雇われる前に、その雇用先での面接があった。ビートン夫人はかの有名な『家政読本』（一八六一）の中で「使用人の雇用は女主人の判断力が鋭く発揮されねばならない義務のひとつである」と述べた。だが、大きな家では家事使用人の雇い入れや解雇の任に実際に当たったのは執事や家政婦であり、女主人は彼女専用の侍女の雇い入れのみに関わったようである。

面接に成功したあと、最後の関門として、それが最初の職場でない場合、新しい女主人の満足のゆく人物証明書を前の雇用主から得られるかどうかという問題があった。女主人は自らが解雇した家事使用人のことを故意に酷評することで、家事使用人から生計の資を奪うことができた。推薦状の偽造を禁じる法令も出ており、偽りの点が証明されれば訴訟に持ち込めたが、現実には使用人の側には訴訟をやりとおすほどの資力がなかったから、女主人は使用人に対する生殺与奪の権を握っていたと言えよう。ビートン夫人の前掲書にもその点で女主人をいましめるくだりがあるので、これは深刻な問題であったと思われる。

「階段の下」の序列

家事使用人の寝起きする場所は通常地下室であったので、「階段の下」(ビロウ・ステアズ)というのが召使いの状態を指し示す言葉であった。家事使用人雇用階級の間に注意深く維持されていた社会的区別よりもなおさら一層確かな区別・階層秩序が、「階段の下」に雇われた家事使用人の間に存在した。確かに、一九世紀の家事奉公の状態は、工業化・都市化の進行のなかで最後まで取り残されたような封建時代の名残りを留めていたといえる。ある少女の回想を例にとってみよう。彼女は「トウィニー」（料理人と女中の手伝いをする仲働き）として始まった彼女の奉公生活が、いかに「地獄」のようなものであったかを描き出した。しかし、彼女は「雇用主から苦しみを受けたのではなく、仲間の使用人によって苦しめられた。階段の下には、言葉で言い表わし得ないほどの、多くの階級差別、弱い者いじめ、悲惨さがあった」というのである。

多くの家事使用人を雇った大きな世帯では、家事奉公も綿密に組織され、各専門分野に分かれ、それぞれにヘッドの使用人がいた。男子のスタッフの一般的監督はステュワード（家令）かバトラー（執事）によって、また女子の場合は家政婦によっておこなわれた。「下働きの使用人から見れば、執事や家政婦はさながら王か女王であった。下回りの使用人は自らの部署に追いやられ、雇用主の家族やその客人たちが起きている間は、かれらの目に触れるような表には立ち現われてはならなかった。雇用主の顔を見知っていたのは、各使用人頭、従者、居間か食堂に侍する者だけであった。」使用人を目につかないところに締め出しておくという慣行は、異常なほど厳しく実行されて、このルールを守れなければ、即刻解雇ということもあった。もちろん、これは相当大きな家の場合である。

実際は非常に煩雑だが、大ざっぱに女性の家事使用人のランキングをみておきたい。すでに述べたように、女性の場合、頂点に位置したのは家政婦であった。だが、家政婦を置かない、より質素な家庭では、料理人がトップであった。「女主人付きの侍女」は女主人と密接な関係にある特別な立場にいたので、序列の上では家政婦のすぐ下に位置した。彼女は女主人にだけ責任をもったので、しばしば使用人仲間から疑いと羨望のまなざしを向けられた。次いで乳母、ハウスメイド、パーラーメイド、台所女中、洗い場女中、そして洗濯女と続いた。一八七一年のセンサスでは、ここまでで大体家事労働力の五分の二を構成した。おのおのの地位は精妙に等級づけられて、したがって昇進は自他ともに尊重された。たとえば、ある人が洗い場女中から台所女中にグレード・アップした場合、女主人付き侍女が、他の洗い場女中より先に彼女に朝の挨拶をしてくれる、といった有り様である。家事使用人のランクの一番底には、ジェネラル・サーヴァントが位置した。彼女らはより大きな家でなら、各専門的使用人によって履行される各種の仕事を、一人で引き受けるなんでも屋の女中である。これはすべての家事使用人中もっとも数が多いが、ミドルクラス下層の家庭にのみ見出された家事使用人であることは、すでに述べたとおりである。

住み込みの女家庭教師・ガヴァネス

ヴィクトリア時代の小説の中には家事使用人のほかにガヴァネス（住み込みの女家庭教師）が、当時の上流中流の家庭の標準的な調度品同然のものとして頻繁に登場する。このガヴァネスもミドルクラス以上の家庭に雇用され、しかもその家庭の社会的地位・経済力を誇示するステータス・シンボルとして機能していた点は家事使用人と同じである。労働時間とか賃金、その他多くの点で、一九世紀の家事使用人の状況はガヴァネスのそれとほとんど変わらなかった。しかし、家事使用人救済のための十字軍運動は起こらなかったが、ガヴァネスの苦難は社会問題となり救済運動がひろがった。両者の相違点はどこにあったのか。また、両者の関係は現実にどのようなものであったのか。

ガヴァネスは成り上がりの若干の例外はあれ、生まれ・育ちともに「レディ」であり、零落して有給職に就かざるを得なくなった女性である。ヴィクトリア時代の親たちは、当時の女子教育の主要目的であった上品な嗜《たしな》みを娘に教えることのできるジェントルウーマンを求めた。しかしながら、当時は前述したように「有閑女性」という理想像がミドルクラス内で完全に勝利を博していた時代である。したがって、ガヴァネスは資産および扶養者をもたず有給職に就く点で、ジェントルウーマンは自ら生計の資を稼ぐものでないとする当時の文化的ルールの例外であった。それゆえ、ガヴァネスは「召使い」ではないが、主家の有閑女性とまったく同等の身分とは言えなかった。

ガヴァネスの社会的評価におけるこのような矛盾、立場のあいまいさは日常生活のさまざまの面につぶさに現われたが、とくに家事使用人との間のあつれきをもたらした。エリザベス・ギャスケルの『シャーロット・ブロンテの伝記』(一八五七)でも、家族の成員と召使いの間に位置し、完全にはそのどちらでもない不安定な窮屈な立場にあるガヴァネスの試練を描写している。ガヴァネスが苦しんだような立場のあいまいさを家事使用人は経験しなかった。「おのれの立場を知る」という点で、家事使用人の方が気楽であったにちがいない。ガヴァネスと家事使用人の間には、被雇用人としての共感・仲間意識はほとんどなかったようである。当時の著名な女流文学者イーストレイク夫人の言葉を借りよう。「召使いはいつもガヴァネスを忌み嫌う。なぜなら、ガヴァネスはかれら自身と同様に寄食者でありながら、かれらよりも上位の人であったからである。」ガヴァネスは通常、家事使用人に対して実際上の力をほとんどもたなかった。しかるに、家事使用人はガヴァネスに仕えなければならなかった。それゆえ、家事使用人はガヴァネスを快く思わず、レディのように振舞うからといっては憤慨した。ジョン・ラスキンが、ガヴァネスに対する雇い主や召使いの振舞いについて叱責した次のようなくだりがある。

けれども、皆さまははたしてお嬢さまがたにどんな先生を与え、またおきめになった先生にどんな尊敬を示されますか。お嬢さまの道徳的・知的品性の形成のすべてを皆さまがおまかせになる当の相手の女性については、お宅の家政婦以下ぐらいにしか尊敬を払わないように召使いたちに仕向けさせ（まるでお嬢さまの魂はジャムや乾物食品よりもまだ手軽い品物みたいです）、また皆さまご自身も、ときどき晩餐《ばんさん》と応接室での接待を提供することで結構光栄を与えているのだと、お考えです。そんな状況下で、いったいお嬢さまがご自身の行為とかご自身の知性を、そうたいせつなものとお考えになれるものでしょうか。（木村正身訳『ごまとゆり』一八六五）

一般的に言って、「イギリスの上級の家事使用人の地位のほうが……ガヴァネスよりもまだしも良いものであった」と結論できよう。

二〇世紀への展望——家事使用人の衰退

本章の課題は一九世紀の家事使用人を語ることであったが、その後の大きな変化について一言しておかねばならない。一九世紀末に最大の労働人口を擁した家事使用人職は、二〇世紀に入り、ことに第一次世界大戦を経て衰退の一途をたどった。すなわち、一九世紀に女性化した家事使用人の数そのものが減少していき、ミドルクラスの家事は再び主婦の労働と機械とにとって代わられ、住み込みの家事使用人を雇用するのは社会のごく上層にのみ限られるようになり、そのステータス・シンボルとしての家事使用人雇用は、再びクラシカルな意味を取り戻すようになった。一八世紀から一九世紀にかけて、家事奉公の領域から男子労働力が撤退していったように、二〇世紀には女子労働力もこの領域から撤退していったのである。そこには「一人前の労働者」としての価値概念の転換があったと思われる。第一次世界大戦には男子労働力が出兵したために労働市場に空白ができ、その結果として女子労働力は産業資本の再生産構造の中に必然的に編入されることになった。この変化を経過して、女子労働者にとっても「一人前」の女子労働者は産業労働者であり、家事使用人はそれより劣るもの、あるいは補助的なものとしか考えられなくなった。このような価値の転換があったからこそ、戦後の家事使用人の賃金上昇にもかかわらず、家事奉公を良しとせず他の職業に移動していった女性が多かったのであり、結果として、女子の家事使用人の数は急速に減少していったのである。結局、一九世紀に典型的に現われた家事使用人の女性化とその繁栄は、女子の潜在的労働力が産業資本体制に編入されていく過渡的現象であったといえよう。

7 地方都市の生活環境

一八世紀の著名なジャーナリスト、ダニエル・デフォーは、その有名な旅行記のなかで、リッチフィールド、シュルーズベリ、ダービーなどの地方都市を最大限に賛美している。これらの都市には立派な施設があり、楽しいスポーツがおこなわれ、洗練された生活様式と美しい景観がみられる、というのである。たとえば、サフォークのベリ・セント・エドマンズについて、かれは次のように述べている。「この都市は貴族とジェントリとであふれ、多くの婦人たちも上品で非常に明るく愛想もよい……。この都市のよさは、この都市やその近くに住むジェントリの集まりがあり、かれらの間では洗練された会話がおこなわれ、かれらの生活も豊かで、しかも都市の空気は新鮮で、かれらがよく出かけるカントリも気持がよいということにある。」しかも、デフォーはさらにこの都市がもつ、もうひとつの特徴を次のように指摘もしている。すなわち、「この都市には毛織物業のほかはどのような製造業も存在しない。そしてこれらの毛織物業は、ここに、あるいはこの近くに住むジェントリに依存している」と。

要するに、ここに描かれた都市は都市とはいいながら、今日の基準からみればきわめて農村的な場所であり、事実、周辺の農村部のジェントリの強い影響が及んでもいたのである。このような「農村社会のなかの都市」とでもいうべき諸都市のなかで、とりわけデフォーに強烈な印象を与えたのが、ここでとりあげるランカシャーのプレストンであった。一七二七年にデフォーはいっている。「プレストンは立派な町で人口もかなり多い。しかし、リヴァプールやマンチェスターとはまるで様子が違う。ここは商・工業地帯とはいえないし、事実、製造業はみられない。ここには弁護士、代訴人、公証人などがおおぜいいる。というのは、プレストンはイギリス国王の直轄地であり、それ固有の特権をもっていて、法の手続きが他の都市とは異なっているからである。ここの人びとは多分それほど豊かではないけれども、はなやいだ雰囲気をもっている。だから、プレストンは、一般に「立派なプレストン」とよばれている。」

デフォー以前にもこの町の美しさに惹かれたひとがいた。たとえば、イギリス各地を騎馬旅行して、一七〇二年ごろ旅の日記を書いたシーリア・ファインズである。「プレストンは丘の上にある非常に立派な市場町である。土曜日が市《いち》の立つ日である。たまたまこの市日に居合わせた私は、この町が革類、穀物、石炭、バター、チーズ、野菜・果物類など、あらゆる種類の商品に恵まれているのに驚いたものである。この町には市の開かれる非常に広々とした広場、美しい教会、そしていくつかの立派な邸宅がある。……大多数の建物、とくに二、三の大通りの建物はたいそう立派なもので、たいていの地方都市におけるものよりもすぐれていた。また、街路も広く十分に石も敷かれていた」と、彼女は記述している。その後、デフォーの時代をへて、ジャコバイトの反乱の影響をうけた一七四五年のプレストンについても、その街路や建物の美しさ、上品さ、ジェントルマンやレディの洗練された社交生活、旅行者のためのインの数が多いことなどを、ひたすら賛美する史料が残っている。さらに、一七五〇年ごろにも、アイルランドの聖職者R・ポーコックがこの町について同じような記述を残している。

ところで、最近の都市史研究では、近代初期のイギリス地方都市を「市場町」「カウンティ・タウン」「地方首都的な都市」の三つに分類することが多い。そして、市場町とカウンティ・タウンは、一六、七世紀のうちに衰退の方向をたどるのに対し、地方首都的な都市は、一六六〇年以降とくに、工業都市や温泉都市などのニュー・タウンとともに、繁栄したと考えられている。いわゆる「都市ハイアラキーの再編成」ともいうべきものが、主張されているのである。しかし、また、「市場町が衰退しつつあるという考え方は、一六、七世紀についての神話であり、真実の完全な転倒ともいうべきものである。市場町などの勢力が強いということが、これらの世紀の顕著な特徴のひとつでもある」という説もある。そして、比較的大きな市場町やカウンティ・タウンはこの時代にも十分繁栄しており、むしろその黄金時代というべきだったのではないかと主張する。というのは、特有の産業の発展や外国貿易の成長がこれらの都市の繁栄を支えたのだが、それ以上に、「貴族やジェントリの楽しみや居住の中心として」これらの都市は決定的な意味をもっていたからである。

これといった産業をも貿易をもたなかったプレストンやシュルーズベリ、ダービーなどでは、ジェントリや中産階級の生活・社交の場としてのこの役割こそが、もっとも重要だったはずである。しかし、このような役割を果たすためには、しかるべき設備や環境条件が必要になってくる。この意味で、プレストンこそは「都市ルネサンス」をもっとも典型的に経験した都市だったのである。

しかし、このようにジェントルマン文化の華ともみられた美しい町プレストンは、産業革命の進行とともにいっきょにうす汚い、騒音の工業都市に変化する。上品で豊かで、楽しい文化の中心としての都市のイメージと、まさにその裏返しのイメージを、この町は相前後してひとに与えることになったのである。産業革命を境として起こったこのような「都市のイメージ」の変化を、プレストンを素材にしてたどろうというのがこの章の目的である。

プレストンの「都市ルネサンス」

すでに述べたように、産業革命前の一世紀ほどのあいだにプレストンはいわゆる「都市ルネサンス」を経験し、イギリスでももっとも美しい町のひとつとなった。その具体相としてはレジャー施設の整備、経済構造の変化、公共のアメニティの充実、建築の変容などが認められる。「都市ルネサンス」は本質的に上流・中産階級の自己顕示欲をみたすための動きだったから、人工的なレジャー施設の建設・整備が第一の特徴となった。たとえば、舞踏会などのための専用の部屋、ないし建物がそれで、プレストンでは一七二〇年代末に新しいタウン・ホールがつくられてこの要求をみたした。さらに遊歩道やその一部となる石橋、植込みなども同じ目的に供せられた。この町の南の丘のふもとにつくられた遊歩道は、一六九八年、市当局によって石を敷くよう指示され、はじめて公認のものとなり、一七一〇年と一七三六年にそのベンチが修理され、一七三七年には市当局の資金と市民の寄付金とによって、それを拡充、修理、美化する計画が立てられた。それにくわえて、一七四〇年代にすでに、ロンドン以外では当時としてはきわめてめずらしかった「コーヒー・ガーデン」、あるいは「ティー・ガーデン」がプレストンにもあったようである。これはプレストンのほこり高き貴婦人たちが出入りする社交場であった。もちろんこのことから、それ以前に男性のみの「コーヒーハウス」があったことは容易に推測できる。

また、スポーツも新しい都市的社会生活の核をなしていた。ボウリング用の緑地はプレストンにおいても、他の都市と同じようにほとんど共有であった。そして、競馬は重要な社会的行事となっていた。さらに、演劇・音楽も、有閑的な都市生活の発展にとって、重要な要素であった。一七六〇年ごろまでに、専門の劇団も組織され、小規模ではあるが、公開のコンサートも定着しはじめていた。

他方、一七、八世紀のプレストンではその経済構造も一変した。基礎的な生活物資の生産や販売から、よりぜいたくな商品やサービスのそれに重心が移ったのである。サービス業や知的職業に従事する人がふえ、ぜいたく品をつくる職人も多くなった。たとえば、一七〇二年のギルドの名簿では一人しかいなかった理髪師が、一七四二年には三三人にもなったのはその一例である。五人しかいなかった庭師も二〇人になった。一七四〇年代になると音楽師、競馬騎手、ハンティングの猟犬係などという職業の人びとも一人ずつではあるが顔を出す。食料品販売の面でも、比較的高級なものを扱う菓子屋、タバコ屋、食料品屋、酒屋などが増加した。タバコ屋は一七〇二年には一軒しかなかったのに、四二年には九軒になったし、食料品屋は三軒から二六軒に増加した。さらに目立っているのがインの増加である。インは一七〇二年に五軒であったものが、二二年には二八軒、四二年には三二軒になっている。法律の専門家つまり弁護士も、四二年には一七人が登録されて地域の必要に応じていた。また、「職人技術の黄金時代」とよばれるこの時期には、プレストンでも、建築・家具、鉄砲鍛冶、貴金属、ポンプ、時計などの職人も多くなったようである。

●建築家の役割も重要さを増した（1767）

このほか、出版や貸本屋なども盛んになった。プレストンでは一七四二年に、本屋と製本屋がそれぞれ一軒ずつあり印刷所も二軒あった。その印刷所の一軒は、一七四〇年に創刊されたプレストン最初の新聞であった『週刊プレストン』の印刷を引き受けていたようである。この新聞のおかげでプレストンは一八世紀の前半に最初の地方新聞を発行した約五〇の都市のひとつに入れられることができた。

都市の生活を優雅なもの、上品なものに洗練してゆく過程で重要な役割を果たしたものには、このほかに公共のアメニティの整備があった。より安全な、より住みよい生活環境にするための諸施設がアメニティである。石、煉瓦などを用いた防火建築、消防組織、火災保険制度、街路の舗装や清掃、街灯、それに上水道などが一七世紀末以来しだいに整備されてくるのである。都市建築には美的考慮も払われるようになった。一七二〇年代、三〇年代にプレストン市当局の起草した借地契約では、そこにたてる建物の建築材料と家の高さ、窓の形までが規定されている。そして、街路も整いスクエアもつくられた。プレストンの「都市ルネサンス」はここに完了し、いわゆる「ジョージ王朝ふうの優雅さ」が美しく輝いた。

「都市ルネサンス」の経済的基礎

それでは、なぜ、このようなルネサンスが起こったのか、そして、どの都市が「都市ルネサンス」からもっとも恩恵を受けたのだろうか。さきに述べたレジャー施設、都市経済、公共のアメニティ、そして建築の四つの領域に共通の特色は、個人の支出のなかで基礎的な生活必需品を除いた余剰の部分からこれらが生まれているということである。このように、

「都市ルネサンス」は個人の「余剰の富」の上に築かれていたということができる。ところで、前工業化社会においては「余剰の富」を多くもっていた人びとの数はきわめて少なく、レジャーとぜいたくとは非常に少数のエリートのみが享受しえたものであった。しかし、イギリスの場合においては、エリートの数が産業革命の時期の数世紀以前においてもかなり増加していたようである。第一に、伝統的な支配階級であるジェントリの増加とかれらの所得の増大は、一六世紀、一七世紀初めにおいても著しかったようである。第二に、王政復古(一六六〇)後のイギリスでは中産階級が急速に膨張した。ビジネスの分野の中核である貿易商人に支えられて、金融関係者や製造業者、とくに弁護士、医者、あるいは陸海軍の職業軍人、官吏などのいわゆる「擬似ジェントリ」の進出が目立つ。また、富裕な小売り商人や職人の増加も無視することができない。

ところで、このような「余剰の富」を享受しえた都市、すなわち「都市ルネサンス」の起こった都市には二つのタイプがある。「余剰の富」を生み出した商・工業都市とそれを吸収した都市とである。プレストンは後者の例にはいるが、そのなかでもバース、タンブリッジ・ウェルズなどのリゾートとも、また、スタンフォードなどの宿場都市とも異なりカウンティ・タウンであった。カウンティ・タウンとは特定の農村地域と密接な関係をもち、その地域のジェントリに依存する都市である。それはしばしばカウンティ、つまり州の司法・行政・宗教の中心地であったから、知的職業に従事するエリートがそこに居住し、かれらの富がこの都市の施設を発展させることに役立ったのである。

社会的競争の場としての都市

それでは「都市ルネサンス」の社会的機能はどのようなものであったろうか。「余剰の富」をもつということは基礎的な生活必需品をより多く買うというよりは、むしろ、異なった生活のスタイルを手に入れる手段となるのがふつうであった。なかんずく、「余剰の富」はいわゆる社会的競争の世界への参加を可能にするものである。したがって、「余剰の富」をもっている人びとが増加したことは、「地位の獲得」を望む人びとの増加をも意味することになる。このような人びとにその欲求のはけ口を与えたのが都市であった。というのは、都市は闘争の手段を供給することができたからである。都市が本屋、貸本屋、新聞をつうじて、また、劇場、コンサート、コーヒーハウス、インをつうじて与えたジェントルマン的教養や文化は、富を地位に変えるひとつの方法として用いられることができた。それから、都市は開かれた社会として闘争をおこなう場をも提供した。集会場、遊歩道、劇場、競馬などの新しいレジャー施設は個人の自己顕示のための闘争をおこなう場とみることができる。要するに、都市は社会的移動を可能にするような、競争的社会をもたらすことを促進したのである。

●コーヒーハウスは社会的競争の場のひとつであった

さらに、都市は、競争的社会の発展を促すことによって、未来の経済変化にもある種の影響を与えた。最近、産業革命の起源について、社会的競争の重要さが強調される傾向がある。社会的競争は労働や消費者需要の新しいパターンを刺激する主要な影響力である、というのである。「都市ルネサンス」はいわゆる産業革命期のほとんど一世紀前に始まった。そして、それは人びとに社会的移動の観念をあたえ、このような人びととの要求をみたすことによって「地位の獲得」をますます刺激した。したがって、都市は社会的競争の、そして、ある程度、産業革命のエンジンと考えることができるのではなかろうか。

しのび寄る産業革命の波

こうして、はじめに紹介したデフォーやシーリア・ファインズの称賛おくあたわなかった優雅な都市プレストンは成立した。一八世紀も末になると、この町にも産業革命の足音がしのび寄ってくるが、この町が騒音と汚濁、貧困と犯罪といった産業都市の醜さに染まるにはなお息つぎの暇があった。プレストンでは一七五一年に北に向かう道路が有料道路化され、一七五五年にはリヴァプールに向かう道路にペンワーサム橋が建設されることによって交通が改善された。一七八一年、古いリップブル橋が改築された。そして翌年、新しく非常にエレガントなタウン・ホールがギルド・ホールに隣接して建設された。駅馬車は一七七一年ごろウィガンとウォリングトンに、一七七四年にはリヴァプールに走りはじめた。一八二三年九月には毎週七二台の馬車がプレストンを出入りしたといわれている。一八三八年に最初の鉄道が開通し、一八四二年には駅馬車がなくなった。また、綿織物工業が一七七七年に導入され、その年、コリンソンとウォトソンによって綿織物工場がムア・レーンに建設された。しかし、この工業の実際上の創始者といえるのはJ・ホロクスなる人物であった。かれは一七九六年と一八〇二年との間に協力者とともに五つの工場を建設した。そして、このころからプレストンは人口もふえ、都市としての重要性を加えてゆく。一七七四年に作られた地図をみると一世紀前と街路もほとんど変わっていないのに、一八二四年の地図はこの町があらゆる方向に向かって大きく発展したことを示している。一七九五年に出たJ・エイキンの書物をみても、プレストンの風景はまだあまり変わったようではない。「以前、プレストンはランカシャー・リンネルのある種のマーケットであった。そして、ここでは今もなお敷布用の幅広いリンネルを売っている。しかし最近、綿織物の部門が進出した。ウォトソン商会はディミテー、モスリン、キャラコなどのすべての商品を——原綿から捺染まで——製造し、それらを売るための店舗をマンチェスターにもっている。」しかし、「この都市は美しく整った町で、幅の広い街路が規則正しく並び、立派な建物が多い。ダービー伯爵もここに大きな現代風の邸宅をかまえている。この町はその住民の上品な生活様式に適した集会やその他の娯楽場によって楽しい雰囲気をかもしている。」要するに、一八世紀の末年には、まだ「その快適で、しかも地域の中心であること、近郊に多くの名門家族が居住していること、種々の法律関係の職業にたずさわるジェントルマンがおり、しかも交通や製造業の騒音がないことなどのおかげで、プレストンは素晴らしい町であった。」

一二世紀以来の自治都市であり、一七世紀以来の議会の選挙区でもあったこの町は、市長、法律顧問、八人の参事会員、四人の準参事会員、一七人の市会議員、一人の市書記官によって構成される市当局をもっていた。この町はまた、二〇年ごとにギルドの祝典を開くという特権をもっていたが、「この祝典には国中から上流社会の人びとが……集まってくる。祝典は八月に開かれ、一ヵ月間続く。このときおこなわれる行列では市当局者が先頭に立ち、種々の同職組合の組合員がかれら固有の紋章を表わした旗をもち、かれらの職業を表わすしるしを掲げてそれにしたがう。近ごろでは芝居、音楽会、そしてその他の公開のアトラクションなどが催し物の一部分となっている」という。そして、プレストンは議会の選挙区として、二人の議員を送っていたが、この選挙区で絶大な影響力をもっていたのがダービー伯である。また、ここでは週市が水曜日、金曜日、土曜日に開かれていた。その中では、土曜日の市がもっともにぎやかであったし、市では買い占めと売り惜しみを防ぐ規制も、うまくおこなわれていた。ほかに年三回の定期市があり、一月と三月、九月に開かれていた。

美しき農村都市の破壊

しかし、産業革命の重圧のなかで、プレストンは、古き良きものを破壊されはじめていた。一七九一年の『農業年報』は、労働人口がなだれのように殺到したころのこの町の状況を生き生きと描写している。「プレストンではあちこちの農村や遠方の地域から、急いでしかも大量に労働者を呼び集めている。もちろん、これらの人びとは、簡易宿泊所にぎっしり詰められ、いくばくかの追加手当をあてがわれて長時間坐ったままの仕事をさせられるのである。しかも仕事場は非常に狭く、一緒に働いている多くの人びとの吐く息と使っている材料の悪臭とによって、空気はすっかりよごれきっている。その上、大した労苦を要しない仕事でよい賃金を得ているように自分では錯覚しているけれども、むやみに多くの製造業がこの州一帯にわたって勃興してきたことの当然の結果として食料も高くなっている。だからこれらの人びとは多分きわめて貧しい食物で暮らしており、そのためしばしば、とくに秋から冬の初めにかけて神経性その他の微熱で苦しめられている。要するに、悪臭と閉じ込められた状態とがもたらす心身の異常から、人びとは家族を後にのこして死ぬことがしばしばである。そこで、かれらは、高い家賃をはらっても、身を落ち着けることができる住居をもとめることになる」というのである。

産業革命の展開にともなってプレストンがどのように変わったかを示す恰好の史料は、一八六二年に書かれた『プレストンにおけるギルドの歴史』という小冊子である。すでに紹介したように、プレストンでは二〇年ごとにギルドの祝典が開かれていたが、一八二二年の祝典から四二年のそれまでの間にプレストンの様子は一変した。一八二二年にはいぜんとして昔の貴族的な小さな特権都市の名残りがあったのに、それもこの間に一掃されてしまった。プレストンは人口の多い大きな工業都市になったのである。鉄道が開通したので主要都市へはほとんど数時間で行けるようになり、地方都市での社交季節のために地方の名門家族がいわゆる都市の別邸をもつ理由がなくなっていた。その結果、プレストンでも国会議員選挙においてダービー家へ忠誠を示さなくなっていた。この一族の大邸宅であったパッテン・ハウスは倒され、かつて貴族の一門が客を歓待した場所に商店が建てられた。市当局ももはや閉鎖的なそのメンバーが内々で選挙した組織ではなく、ひろく一般選挙民によって選出された組織になっていた。法律も、自治都市の特権を市民に与える場合、自由市民と当時「フォリナーズ」と呼ばれるのがつねであった非自由市民との間の差別をもはや認めなくなっていた。そもそも自由市民の特権そのものがよほど縮小されてもいたのである。ギルドの定期的な祝典を開催する時期が近づくにつれて、もはやそんなものは開くべきではないという意見も強くなってきた。ギルドの祝典はもはや絶対に必要なものではない、フェスティバルも昔のように華々しくおこなうことはできそうにない。また、ダービー家やその他の上流階級の人士も参加しないだろうし、そうなれば祝典の価値もすっかりなくなるだろう。聖霊降臨節の休日の単なる繰り返しになるくらいなら、そんなものを続けるよりは、華麗な盛儀の記憶を大切にしつつあっさりやめたほうがよいのではないだろうか。そのようにいわれたのである。しかし一方では、ユニークな昔からのフェスティバルをすたれさせるということは、この自治都市の公共の精神からいって不名誉なことであり、この祝典をやめることはプレストンの伝統と慣習をないがしろにするものだという意見もあった。時代は移り、かつては価値のあったものを今や無意味なものにしてしまったのだ。しかし、完全に昔の状態にもどすのは不可能だとしても、その華麗さをよみがえらせることは重要なことであった。時代は悪かった。窮乏がひろまり、不満の空気が労働者階級の間に充満していた。それに、当時の労働者階級は現在の労働者ほどおとなしくはなかった。暴動が起こり、民衆は発砲された（一八四二年八月一三日、ルーン・ストリートにおいてである)。しかしそれでも、市当局の大多数の空気は祝典を開催することに賛成であった。また住民の多くもかれらのこの意見を支持していたのである。

プレストンがいまではすっかり変わってしまい、産業都市となりつつあったことは、旅行者の目にも明らかであった。一八三九年夏から秋にかけて、医者であり旅行家でもあったA・B・グランヴィルはイギリスの北部の温泉都市を旅行しプレストンをも訪ねた。「私はシヤップ(カンバーランド)で北の方から来る多くの駅馬車のひとつを拾い、できるだけ急いでプレストンに向かった。以前ゆっくり見物したことがあるケンダル(カンバーランド)やランカスターは素通りした。前には、私はプレストンではブル・ホテルを定宿にしていた。しかし、最近はもっぱらヴィクトリア・ニュー・ホテルを使っている。というのはこのホテルは都市の煤煙の届かないところにあり、しかも鉄道の駅の近くにあるという二重の利点をもっているからで、大きな田舎風のインの不便さをすべてもっている前の宿よりも、どの点から見ても、このホテルを私の読者に推薦せざるをえない。」北部の発展しつつあるすべての工業都市のうちで、プレストンは「人口、富、工場が非常に激しく増加したにもかかわらず、それに応じて生活に快適さや清潔さをもたらす改善をまったくしていない、たぶん唯一の都市である」と断定するこの医師は、この都市の様子をさらに次のように述べている。「街路はひどく狭く（九フィートぐらいしかないところもある）、曲がっており、汚い。目抜き通りというべきフィッシャー・ゲイトですら、商店の様子は三〇年前とほとんど変わっていない。その上この都市には公共の建物といえるものもほとんど見当たらない。市場すらないのだ。毎土曜日の夕方、肉屋の売台やその他の仮設小屋が、あらゆる商品を陳列するためにフィッシャー・ゲイトの一方の側にずらりと立ち並ぶが、それがまた、不潔、混乱、不便などの原因となっている」と。

また、この医師にいわせると、プレストンほどの都市に温泉か冷泉かの公共的な湯治場《バース》がないというのも信じがたいことであった。その上この都市には新聞やパンフレットを読ませたり貸したりするありふれたニュース・ルームが二つあり、一方はもう一方よりは少し立派であるものの、それですら購読を予約している富裕な人びとにはあまりふさわしいものではない。いずれにしてもプレストンは生活の便利さ、快適さ、美しさなどの点で、イギリスのふつうの近代的な工業都市の進歩に五〇年は遅れている。それどころか、その工業の着実な、というより驚異的な進歩にくらべて一〇〇年も遅れている。要するに、ここは生活環境の進歩が遅れている都市であり、商業、工業、投機などによって富を蓄積しようとする人びとばかりで成り立っている都市なのである。したがって、このようなプレストンを、「マンチェスターやハリファックス、ブラッドフォード、ウェークフィールドのような状態、いやせめてハダースフィールド程度の状態にでもしようとすれば、半世紀にもわたる不断の善意とそれ相当の出資とを要するだろう」と、この医師は診断している。しかも、それでいてこの都市には「公共の精神がないらしい」というのがかれの見立てでもある。第一、地元の新聞『プレストン・オブザーバー』も認めているように、この都市には身持ちの悪い人間が多すぎる、とかれはいう。というのは、プレストンでは一八三九年の最後の四半年のうちに生まれた子供の一〇人に一人が私生子であった、といわれているからである。

しかし、これほどプレストンを低く評価したこの医師にとっても、この都市の将来に望みをかけるべき一筋の光もあった。かれはいう。「この都市の共有地で開かれた市《いち》で、私が目撃した小さなできごとからみて、プレストン市民は知的な人びとでもあるように思う。できごとというのは、こうだ。輸入書籍を宣伝し、三〇〇〇冊の廉価本を売るつもりであったひとりの公認行商人が、この広場での青空市で商売に大成功した。そこで、かれは「読者大衆」にお詫びをすることが必要であると思った。かれの大量のストックが予想していたより一日早くなくなってしまったからである。同時にかれは、プレストンの文化人たちに、かれらの要求にこたえるためさらにより立派なものを仕入れてすぐにもどって来ることを約束した。」しかし、このようなプレストン市民の知性が輝くには、当面、時代が悪すぎたのである。

「コークスの町」の成立

一八四五年、エンゲルスも『イギリスにおける労働階級の状態』においてプレストンに言及し、この都市の景観をヴィヴィッドに描いている。「マンチェスター周辺の諸都市も、労働者地区に関するかぎり、マンチェスターとほとんど違わない。しかし、これらの小都市では、マンチェスターにくらべて、労働者が全住民のより多くの部分を占めている。すなわち、これらの都市は完全に工業化されていて、商業的業務はみなマンチェスターでおこなわれているということを明らかにしておくべきである。つまり、これらの都市はすべての点でマンチェスターに依存しているのであり、そこに住むものといえば労働者と工場主と小商人だけなのである。」エンゲルスがいっているのはボルトン、プレストン、ウィガン、ベリ、ロッチデール、ミドルトン、ヘーウッド、オールダム、アシュトン、スタリーブリッジ、ストックポートなどのことである。これらの都市はほとんどすべて三万から九万までの住民をもっ

●産業革命の波は地方都市をまきこんでいった（1858年のシェフィールド）

ていたが、労働者以外の住民はごく少なくて、実質的には大きな労働者階級のコミュニティともいうべきところである。労働者の住宅にあてられていない比較的わずかな地域には工場が建てられ、またごく一部には商店の並んでいる大通りもある。工場主が別荘風の邸宅や庭園をもっているやや田園的な二、三の小路もある。都市そのものは計画が不完全であり、不規則につくられていて、そこにはうす汚い袋小路やせまい通路や裏路地もある。しかも、「これらの都市は煤煙でおおわれていて、ランカシャーのこのあたりでは一般的な建築材料である赤煉瓦建ての家々は黒くすすけており、とくに陰気な外観を呈している。地下室に住むことはここでは普通のことである。物理的に可能なところならばどこにでも、このような地下の穴倉が設けられて、少なからぬ部分の住民がそこに住んでいるのである。とくに、このような都市のなかでも最悪の都市は、プレストン、オールダム、ボルトンの三つである。」

チャールズ・ディケンズもプレストンのひどさの証人のひとりである。かれは一八五四年の一月の終りに、工場主と労働者との間の紛争を見るために短期間この地に滞在した。数日間、詳細に視察した結果、労働者に対する同情心を大いにかきたてられたディケンズは、親友であり文学上の助言者でもあるジョン・フォースターに手紙を書いた。「プレストンは不潔な都市である。（ここはその意味で典型的な都市であると私は思った。）私はブル・ホテルに泊っているのだが、少し前にはこのホテルに工場主たちがいると思ったらしい労働者たちがホテルの前に集まり、工場主たちに出て来て対決するように要求した」と。「この都市の街頭では面白いことは何もない」ともかれはいう。じっさい、プレストンは都市も人も非常に沈滞していた。ディケンズにとっては、まさにこの沈滞のみが、すべてに勝る印象であったようである。労働者のストライキという行動すら控え目なものであり、穏やかであるように思えた。プレストンで見た赤煉瓦づくりの建物、工場の出す煤煙、そして不断に続く単調さというような都市を、ディケンズはその作品『ハード・タイムズ』のなかで「コーク・タウン（コークスの町）」と呼び、その反自然的な性格を非難した。

プレストンが抱えていた諸問題のなかでも公衆衛生の問題がとくに深刻であった。偉大な公衆衛生の改革者であるE・チャドウィックが一八四二年に述べたように、「イギリスの都市のなかには……野営をしている遊牧民の集団、あるいは無規律な兵隊たちのそれとほとんど同じくらい不潔なところもあった」のである。そうした都市の路地や地下室の住居は、「ジョン・ハワードが囚人に悪影響があるとして批判した一八世紀の未改革の刑務所と比べても、いっそう不潔であり、よりひどい肉体的な苦痛と道徳的な混乱とをもたらしていた。」

文化の砂漠からの離脱

産業革命はこうしてかつての美しい農村都市プレストンを無惨な「コーク・タウン」に変えてしまったのだが、この時代にも公共の文化施設などがまったく建設されなかったのではない。一八〇二年に建てられた劇場、「オールド・シアター・ロイヤル」はその好例である。しかし、この劇場はもっぱら私的な利益を求める事業であって、労働者階級を対象としたようなものではなかった。

一九世紀前半のプレストンでは労働者の住宅事情は、さきにも述べたようにひどかったのだが、それとならんで、誰でもが利用できる公共の空地がなくなってきたことが深刻な問題であった。プレストンにかぎらず、ランカシャーの諸都市では、あいついで自宅・工場・店舗の建設のため、私的な投機家によってオープンな空地が囲い込まれた。一八四一年、反穀物法同盟のメンバーであったウィリアム・クック・テーラーは、かれの『ランカシャー工業地帯旅行記』において、次のように述べている。「これまで、貧民階級の娯楽についてのわれわれの法律はほとんどがそれらを処罰し制限するような性格のものである。(それらは)……貧民階級の楽しみに一連の侵害をもたらしている。そして、それらの侵害は議会の意図をはるかに越えるものである。というのは、労働者たちが健康的なスポーツを楽しんでいた共有地が囲い込まれているからである。主要道路に障害物がないように警官が街路を守っている。高い障壁が大地主たちの邸宅付属地などにめぐらしてある。また、ガーデンをとりまく高い柵が用心深くはりめぐらされ、木々の緑や花のよい香りを下層階級の工員たちが楽しむのを妨げている。このような事情については、「歩行者用の小道をまもる会」がマンチェスターに存在していることを指摘すれば十分であろう。というのは、このような団体が必要であるということは、貧民階級の楽しみに対する同情の不足というだけではなく、また、かれらからその楽しみを強奪し、侵害するという傾向のようなものがあることを証明しているからである。」一八三六年の「エンクロージャー（囲い込み）についての一般的法律」が大都市近郊の共有地のエンクロージャーを禁止したのは、このような事情からであった。ヴィクトリア期のイギリスでは、ロンドンはもとより各地に多くの公園が建設されたが、それらは政府の援助によらない慈善行為、投資、あるいは地元のイニシャティヴなどによるものであった。多くの都市では、公園用の土地を提供することによってその名を市民の記憶のなかに末代まで残そうという富裕階級の望みに負うところが多かった。一八四〇年にダービーに森林公園を提供したJ・ストラットはたぶんそうした最初の人であった。また、バーケンヘッド（チェシャー）の場合はおそらく市当局が公共の空地を確保することを率先してやったもっとも印象的な初期の一例である。しかし、それだけではなかった。はやくも一八三四年ごろから、プレストンの市当局が「プレストン荒地」を二〇〇エーカー分囲い込み、それを大衆に開放することを続けていた。一八三六年には市議会に健康・レクリエーション小委員会が設置されもした。一八四〇年代、五〇年代になると、市当局はさらにレクリエーション用の土地数地区を購入した。その後、プレストンとオールダムでは一八六二年から六四年にかけて、綿花飢饉による窮乏を救う失業対策事業として公園（プレストンのアヴェナム公園など）が建設された。

近年の一研究によれば、「一八四〇年代にはエンゲルスやL・J・フォシェのような来訪者に、「ショッキングな都市」として不快な感じを与え、あきれさせすらしたマンチェスターなどの都市こそが、公衆衛生、住宅事情の改善、その他の近代都市生活の種々のアメニティについてのパイオニアとなったのだ」という。プレストンについても事情は同じであった。

要するに、最初の世代の資本家たちは、無分別に目ざましい利益をもとめてランカシャーを利用した。しかし、チャーティスト運動が盛んになるころまでに、ランカシャーはもはやたんにあくなき金儲けだけがおこなわれる土地ではなくなっていた。文明がゆっくりと煤煙の上に台頭しはじめていた。政治や諸制度は利益をめぐる諸要求のほかに、生活をめぐる諸要求ともある種の関係をもちはじめていた。いまや産業資本家がすべての権力を握るようになったランカシャーの諸都市は、文化生活の向上、公園、公共図書館、高等教育、そして美術の奨励などを強く求めるようになったのである。しかし、このような「文化の砂漠からの離脱」は困難な闘いであった。この間の事情は一八八三年八月、マンチェスター市長が市の美術館の開館に際して的確に表現している。すなわち、「ロンドンにおいては国民の犠牲でおこなわれていることを、われわれはわれわれの独自のやり方で、われわれ自らの犠牲で、われわれ自らのためにたぶんおこなうだろう。それはわれわれがそうすべき強い欲求をもっているからである。というのは、いまでは不正なこと、不愉快なこと、不潔なことなどが以前にもましてわれわれを悩ませているからである」と。

ところで、一七八九年という早い時期に、すでに工業の隆盛に伴うランカシャー地方の社会構造の変化に気づいていたジャーナリストがいる。工業で得られる富が、長い歴史のあるマナー・ハウスにも匹敵するエレガントな邸宅を生みだすのを目のあたりにしたかれは、むしろそれを歓迎した。かれにいわせれば、プレストンは「イギリス北部におけるもっとも美しい都市」であり、かってはその地域における多くの「家柄のよい名門」のために「『立派な』という形容句を得ていた都市」であった。しかし、今やこの都市はひとつの革命を経験したのである。その結果、「ここでは退屈をしのぐためのトランプのカードの代わりに、数千の人びとが生活することができる梳綿機《カード》が使用されている」と、かれはだじゃれをつけ加えている。

こうして、産業革命とともに急激に上昇してきた「産業界の大立者」と呼ばれる新しい産業貴族は、かつての「豪商」に匹敵するものであった。かれらは土地や称号による名声を求めて、地主貴族に敬意をはらう傾向があった。また一方、地主貴族はその経済的基礎の拡大を求めて、産業的富裕階級との社会的交流を求める傾向があった。そして、このような傾向は、これらの階級の間の軽蔑、羨望、敵意などの混ざったきびしい関係を和らげ、ある程度、各階級の性格をも変化させた。しかし、対立の諸原因が絶滅されたわけでもない。「成り上がり者たちが殺到して古い名門を追い出し、古い歴史のあるマナー・ハウスを打ちこわし、それらの代わりに華やかな色の煉瓦か重い石でできた、かれらの目にだけは立派だと思われるものを建てている」ことに対して不平の声があった。そして、この地方の人びとは「その輝きが衰えかけている人びとや家門を忘れずにいるよう」に求められていた。たしかに、産業資本家の富や権力の増大と地主階級のねたみの増大とから相互間に敵対的意識も生まれた。しかし、他方ではまた当時「怠惰で無知なおえら方」と呼ばれていた貴族は、もはや新しい産業資本家を「どのような財産ももたず、労働以外は何もできない人びと」と同類とみなすことも、また、かれらを「人間のくず」とむやみに同一視することもできなくなっていたのである。

このように、産業資本家に対する地主＝ジェントリの評価が微妙に変化していった理由のひとつは、産業資本家による公共投資——それこそジェントルマンのなすべきことであった——にあったのである。そして、工業化によってかつての農村都市的「快適さ」「美しさ」を奪われたプレストンは、まさにその原因をつくった産業資本家たちの、ジェントルマン的志向のゆえに、労働者にとってさえ多少とも「快適な」アメニティに恵まれることになったということができる。要するに、徐々にではあるが、産業革命後のイギリス地方都市の生活環境は、カオスの状態から秩序の状態に移行していったのである。

8　リゾート都市とレジャー

イギリス人をアヒルにたとえた男がいる。ホレイス・ウォルポール、一八世紀のイギリス政界の大立者ロバート・ウォルポールの子で、ゴシック小説のはしりとなった『オトラント城奇譚』やストロベリーヒルの居城で有名な文人である。一七九一年の日付を有する書簡中にその文句はあらわれる。「人はイギリス人をアヒルかと思うだろう。いつもよちよち水辺さして歩む」というものだ。

これだけではなんのことかわからない。もうひとつ、イギリス人を動物にたとえた例を紹介しよう。「(一九世紀のイギリス人は)ほとんど強迫観念にとりつかれたように海浜に殺到した。かれらはレミングのように海岸めざして旅行したのである」(J・ウォルヴィン『レジャーと社会』一九七八)。レミング、あの群れとなって海岸に突進し集団自殺するというネズミの仲間である。

ウォルポールが「水辺」というとき、かれの念頭にあったのはバースの温泉やタンブリッジ・ウェルズの鉱泉、いわゆるスパー spa (イギリスでは温泉・鉱泉を区別せず両者をいずれもスパーの名で呼ぶ）であった。一八世紀の「アヒル」たちがスパー・タウンを競いあうように訪問したのは、厳密にはレジャーであったとはいえない。かれらは労働とは原則的に無縁の有閑階層、すなわち貴族やジェントリであったり、あるいはかれらを庇護者《パトロン》、寄生宿主、顧客とする医者、牧師、文学者、芸術家、俳優、音楽家、賭博師、詐欺師などであったからである。かれらはじゅうぶんに退屈な一年間のうちの社交季節《シーズン》をすごすためにロンドンと、そして国中からスパーに集まってきたのである。いつからかそれに、富裕な商人《ブルトクラット》や東西インドをはじめとする植民地で商人、プランター、官吏として成功し蓄財して本国に帰ってきた植民地帰還者が加わったが、後述するようにこの人びとも余暇を楽しむためにこの地に到来したわけではない。

アヒルにたとえられたイギリス人と、レミングにたとえられたイギリス人との間にはおよそ一〇〇年の時の推移があった。イギリスのレジャーは「レミング」の時代、海水浴場の登場をまって開始したのである。日帰り客《デイ・トリッパー》が大半を占めた「レミング」たちの目的地は海岸であった。かれらがなにものであったかということだけでなく、群れの大きさと脇目もふらず水辺に近づく速度において、かれらは一八世紀のスパーの浴客とはおおいに面目を異にしていたといえないだろうか。

まず速度について。一七五〇年代にロンドンから、もっとも有名なスパー・タウンであったバースまで三日を要した。もちろん馬車を利用した場合の所要時間である。一七八四年に郵便馬車《メイルコーチ》という特急便のシステムが導入されてその時間は短縮されたが、それでも所要時間が一二時間をきることはなかった。ロンドンのちょうど真南にあたる南海岸の代表的海水浴場ブライトンへは、一七五〇年代にはロンドンから二日を要したものが、やはり一九世紀の三〇年代には六時間にまで短縮された。ところが一八四一年にロンドン・ブライトン間を結んだ鉄道はこれを一挙に二時間に短縮し、はじめて日帰りの行楽旅行が可能になった。これがレミングの速度というわけだ。

群れの大きさについてはどうだろうか。一八世紀にバースを訪れた人の数は、一シーズンあたり約八〇〇〇人から多くて一万二〇〇〇人程度であったと推定されている。この数は、当時社交都市バースを事実上とりしきっていた「儀典長」のリチャード・ナッシュが、一人一人の入市にさいして挨拶をかわし、現在バースに滞在しているのが誰と誰であるのかをすべて掌握しておくことが可能な数字であった。いっぽう海岸のブライトンには、鉄道時代の直前の一八三〇年代で、三六台の駅馬車《ステージ・コーチ》が一日に四八〇人、週に三四〇〇人、年間に五万人を輸送した。すでに一人の「儀典長」の手にあまる数であったが、ロンドン・ブライトン鉄道が営業を開始すると、一八四四年には四両連結した機関車に引かれた一列車が一一〇〇人の乗客を運び、一八五〇年には一週間に七三〇〇人、一八六〇年には一年に二五万人、そして、一八六二年の復活祭の翌日の月曜日には、一日に一二万人がブライトン駅に降り立った。まさに人は「群れなして」海岸に押し寄せたのであった。

スパーから海水浴場へ

すでに明らかなようにイギリスでリゾート地といえばいつも「水辺」のことである。それには二つの種類がある。すなわち内陸にある温泉・鉱泉場であるスパーと海岸の海水浴場だ。ちょうど産業革命の進展期にイギリスではリゾートの性格に大きな変化があった。そのひとつが、リゾート地としての人気がスパーから海水浴場に、テーブルが回転するように移行したことである。図1にみるように、一八〇一年にはおよそ三万人あったバースの人口も一八五一年には五万人をこえる線でとどまっており、しかもこれ以降人口はむしろ減少傾向にある。この間にブライトンの人口はバースをとらえ凌駕する。この交代劇があった一八四〇年代は、競合する二つのタイプのリゾート地間の競争で、海水浴場の側が最終的に凱歌をあげた時期であった。おりしも鉄道ブームの時代である。

図1　バース，ブライトン，ボーンマス三市の人口推移

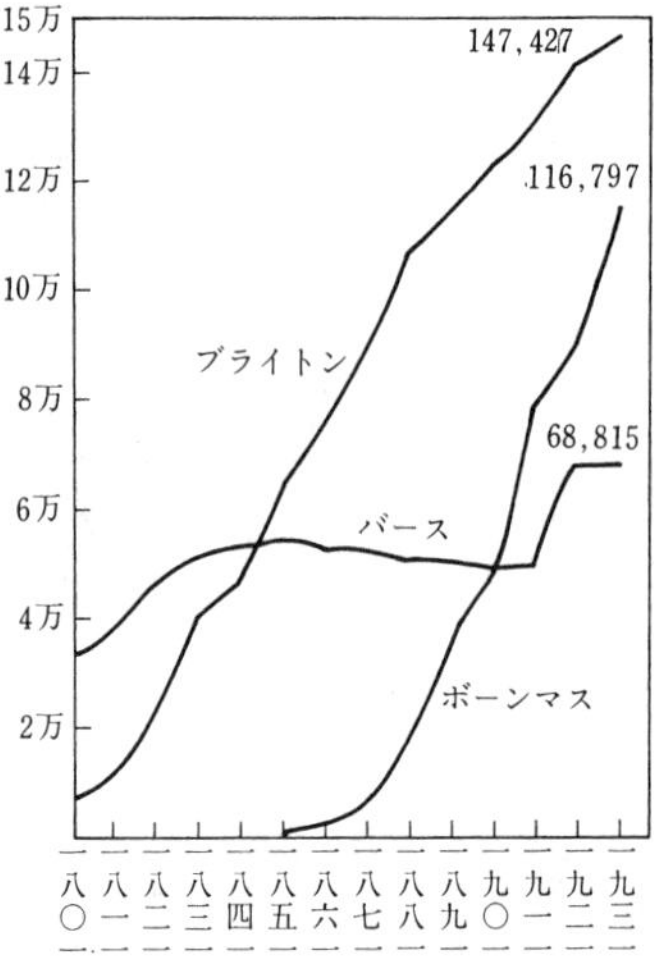

バースとブライトンだけではない。一八四一年にグランヴィルという医者が著した『イギリスのスパーと主要海水浴場』の付録地図には、七〇のスパーと三六の海水浴場の位置が示されている。ところが、一八五一年の国勢調査報告で「水浴地」watering-placeとして分類された人口一万以上の一五都市のうち、内陸都市はチェルトナム、バース、レミントン、タンブリッジ・ウェルズの四ヵ所にすぎず、残る一一都市、ブライトン、マーゲイト、ワージング、イフラコーム、トーキーなどはいずれも海水浴場として発達した都市であった。

五一年の国勢調査報告は、イギリスの二一二の都市を六つのグループに分類した。単独で別格扱いのロンドンを除き、数が多い順にカウンティ・タウン、工業都市、窯業・鉱業都市、港湾都市とつづき、最後に「水浴地」がくる。「水浴地」すなわちリゾート・タウンはその

数も少なく、人口の総計もロンドンや工業都市グループの敵ではないが、ひとつ注目されることがある。人口の急成長ぶりだ。一八〇一年から一八五〇年までの五〇年間の人口成長率は二五四パーセントに達しており、意外なことに工業都市（五一都市、二二四パーセント）をも凌いで、他のどの都市グループよりも大きな数値を示している。とりわけ、ブライトンは一八〇一年におよそ七〇〇〇人であった人口が、五〇年後には六万五〇〇〇人あまりと一〇倍近い成長をとげ、この期間の個別都市の人口増加率としては最高である。しかも、これを海岸リゾート地の一一都市に限定するなら、この期間の成長率は一挙に三一四パーセントにはねあがり、さらに一頭ぬきんでることになる。

この増加が自然増でないことはいうまでもない。周辺や他地域から多数の人口流入があったわけだ。当然この人口増大と都市規模拡大を可能にした背景に、リゾート地を訪問する旅行客、滞在客の増加があったと考えてよいだろう。すでにブライトンについてはそのことを確かめた。これらの都市の人口構成比をみると、サービス業に従事する人口の比率がきわめて高いこともまた不思議ではない。

そして一九世紀の後半、レミングの時代。一八七一年の国勢調査報告は海水浴場を単独に分類し四八都市の名を挙げている。一八九〇年代に出版された旅行案内には、二〇〇ヵ所以上の海水浴場が収録されていた。

リゾート地はアヒルの手からレミングの手にわたされたようである。すでに示した群れの大きさと速度の相違は、社会構造そのものの変化と対応していたであろう。ところが初期の海水浴場の外見はむしろスパーに相似していたといってよい。当初それは海岸に置きかえられたスパーであったのだ。どのような変化があったのか。ともあれ、一六世紀に開始するリゾート地の、とりわけ「スパーの女王」バースの歴史をみてゆくことからはじめたい。

金持ちと病人の町バース

ロンドンのハイド・パーク・コーナーから、西へほとんど一直線にのびる街道を一〇〇マイル以上も走ってイングランド南部を横切り、ブリストル水道に達する少し手前、サマセット州の東北隅にバース市がある。大きく蛇行して袋のようになったエイヴォン川にいだかれており、川向こうには緑濃い丘をあおぐ美しい町である。有名な温泉はローマ人が発見したもので、当時建造された浴場の遺跡は発掘されて現在も見ることができる。中世には、市の中央に壮麗な「僧院教会」を建設したベネディクト派の修道院がこの地に濃密な宗教的雰囲気をただよわせていた。一六世紀の中ごろ、ヘンリー八世の手によって国内の修道会が解散

●王政復古時代のキングズ・バス（トマス・ジョンソン　1675）

されたおりに、温泉の管理権は修道院から市に移管された。
　中世以来、温泉浴場はハンセン病患者や天然痘、疥癬《かいせん》患者たちが湯治に利用する場所であり、市は貧民には自由にそれを使用することを許した。だが同時に、修道院もいまはなく加えて毛織物工業の不況にあえいでいたバースは、温泉浴場が富をもたらすことを期待した。市の有力者は、浴場を管理・維持し入浴者にサービスする少数の係員を任命するという決定をおこなった。この係員は監督一名、案内人数名からなり、案内人は入浴者につきそい、また浴場の清掃をおこなうことになっていた。かれらは新しく設置されたポンプを操作することに対して市からわずかの手当てを受ける以外には、富裕な入浴客（かれらも病人である）

からの祝儀をあてにしていたのである。中世以来の三つの浴場（キングズ・バス、ホット・バス、クロス・バス）に加えて、女性用、ハンセン病患者用、馬用の特別の浴場が一五七六年までに完成していた。

バースに湯治に来る富裕な患者の数が増加したのは、こうした市の積極的な勧誘以外にも、当時の医学者が温泉鉱水の医療効果の宣伝を開始したことによるところが大きい。はじめ学問的な医学書や本草書の中で開始されたこの鉱水服用のすすめは、やがてもっと大衆的な書物に転載されてバースの評判をいやがうえにもかきたてた。評判を信じて訪問する富裕客を待ち受けていたのが、多くは無資格医からなる一団の医者であった。これらの開業医は患者を自宅に宿泊させて収入の足しにする。到着したばかりの客に「名医」を紹介する周旋人が街道に目を光らせている。

このころの一種の流行語に「バースの乞食」というものがある。イギリス各地の教区当局は、教区内の貧しい病人を教区が費用を負担してバースに送り込むことがよくあった。病人たちは治癒後も居残るものが多く、市壁の外に小屋を建てて住みついた。富裕で鷹揚な患者の喜捨をあてにしていたのである。その悪名は鳴りひびき、一五七二年の救貧法は特にバースに言及して、貧しい病人が無料で浴場を利用する権利をあらためて確認するいっぽうで、二人の治安判事の名において発行される許可証の携帯をかれらに義務づけた。バースは国中の他のどこよりも著しい貧富の対照を目撃することができる場所であった。

バースの当惑

一六六〇年、大陸に亡命していたチャールズ二世が帰還し、国民歓呼のうちに王座に復して一一年間続いた共和政は幕を閉じた。王政復古時代はイギリスのスパーの歴史においてひとつの画期をなしたということができる。湯治場以上のものではなかったスパーに新たな性格がつけ加えられる。

すでに一七世紀の前半にも、ジェームズ一世の王妃アンの来訪にさいして市が一〇〇〇ポンドの費用をかけて歓迎準備をおこなったことがあったが、王政復古以降、王室一家の訪問は頻繁になった。一六七七年にチャールズ二世が王妃とともに来訪したのはバースの湯に子授けの効験ありと噂に聞いたからであった。しかしその後、何人もの愛人を帯同した時には、目的は物見遊山以外のなにものでもなかった。名誉革命で追放されたジェームズ二世もその直前に王妃とともにバースを訪れている。特にバースを愛したのはアン女王で、このころになると大量の廷臣たちがそれに扈従《こじゅう》した。国王宮廷《ロイヤル・ハウスホールド》ごとのバースへの移動であった。

王室の恩顧を受けたバースの町は、無上の光栄に浴するかたわら、当惑をかくすことができなかったのである。その町は、道路は未舗装で照明もなく、しかも、その道には掏摸《すり》が横行し、乞食があふれ、偽医者、いかさまトランプ使い、雲助が跋扈《ばっこ》する物騒なありさまであったからである。国王は僧院教会を行在所としたが、とりまきの貴顕、貴婦人を収容しようにもわずかばかりのすすけた宿《イン》があるばかり、娯楽施設として提供できるものといえば、ときおりロンドンから巡回してくる劇団以外には、テニス・コートとボウリング用の緑地がそれぞれ二面ずつ、舞踏会が催されるギルド・ホール、一軒か二軒のうすぎたないコーヒーハウスを数えるのみであった。

しかし、わずかとはいえこうした施設の存在は、バースの市当局が（あるいはバースのパトロン、初代ボーフォート公が）このリゾート地の将来の変容を察知していたもののように思える。『イギリス人の休日』（一九四七）の著者、J・A・R・ピムロットのいうように「肝心なのは娯楽の性質や量ではない。祝日《ホーリー・デイ》が休日《ホリデイ》になる運命にあったのと同じように、聖なる泉として出発したかどうかはともかく、保養地《ヘルス・リゾート》が行楽地《プレジャー・リゾート》に、宗教より酒宴の故郷になる運命に確実にあったこと」である。

「バースの王」ボウ・ナッシュ

ボーフォート公爵は無秩序なバースの現状をみて、訪問客の「もてなし《エンターテインメント》」全体を管理運営する人物の必要を痛感した。そのために設置された役職が宮廷の儀典長を意味するマスター・オブ・セレモニーズである。この命名はちょっとしたユーモアだったのだろう。

二代目の「儀典長」リチャード・ナッシュ（一六七四〜一七六二）はロンドンの社交界で「伊達男《ボウ》」の異名をとった人物で、バースには賭博師としてやって来たのであったが、一七〇五年にその職に就くや、バースが新しい社会的役割に応えられるようにたてつづけに改革を実行した。目を瞠らせるその行動力は他人に有無を言わせない類のものだったようである。

●〈バースの王〉伊達男・ナッシュ

就任の年に早くも常設の小劇場を建設し、翌年にはダンスと賭博のための集会堂、一七〇八年にはキングズ・バスに隣接して食堂やコンサート室をもつポンプ・ルームを建設した。劇場の建設には一三〇〇ポンド、バース街道の改修工事には一八〇〇ポンドの費用を要したが、事業に必要な経費は寄付というかたちでほとんど強制的に市民から徴収し、それらの施設は市有財産となった。

バースの外見を一変させるうえでナッシュに協力して功績があったのが建築家のジョン・ウッド（一七〇五?〜五四）である。現在バースの名を高からしめているクイーンズ・スクエアからキングズ・サーカスにいたる一画を設計したのがウッドである。この若い建築家の作品は、バースに古代ローマをよみがえらせるという奇妙な夢想に満たされていた。たとえばかれは円形広場《サーカス》に面する高級住宅街を「裏返しにした円形演技場《コロセウム》」のように設計したのである。市中各所に建設された方尖塔《オベリスク》も異国趣味をかきたてた。かつての田舎町は「イギリスのフィレンツェ」と呼ばれるもっとも優雅でユニークな都会へと面貌を一新した。一七二七年にウッドは、「二一年前にジェントルマンが宿泊した最高の部屋がいまでは下男部屋だ」と豪語することになる。

ナッシュはナッシュで町に夜警を置き、浮浪者を逮捕し、住民に街路の照明と清掃を強制する特別の権限を議会に対して請願するよう市当局を説得した。だがナッシュの最大の功績は、その土地での社会生活に一種の規律をつくりだしたことだろう。そこにかれの本領があったといえよう。ナッシュは全市民と顔なじみであったばかりかすべての訪問者とも誼《よしみ》を通じ、その生活の目付役として厳格に君臨した。一八世紀の初め、ロンドンでは王政復古時代

●ジョン・ウッドの設計したバースのプライア公園（1750ごろ）

の浮華放縦の気分がしだいに解消され、洗練された社交のマナーが確立しようとしていた。青年時代をロンドンの社交界ですごしたナッシュは、この「よき振舞い」のルールをバースに持ち込む。

この規律は乱暴狼藉の禁止、正装厳守、婦人への礼節を根幹とするものであった。ナッシュは一一ヵ条の訓戒をポンプ・ルームの壁に掲示した。「嘘や噂話を耳打ちするものはすべてその作者とみなさるべし」といった愉快なものを含むこの「全員の同意によって決定された規則」は、まさにナッシュの王国の憲法だったのである。

いまやバースの生活は、「もうひとつの環境に移されたロンドンの生活」であった。バースの来訪者名簿はそのままイギリスの貴族・上層ジェントリの名簿となった。ロンドンの流行が数日後にはバースにもたらされ、そしてしばしばバースの流行がロンドンの流行となった。冬になると（バースのシーズンは冬期）貴族たちは気もそぞろになって御者に馬車を準備させ、飛ぶようにバースを訪問した。流行に遅れないためにもそれは必要だったのである。バースでの遊びそのものがはじめは「流行」であったが、やがてそれは「流行」をこえて上流階級の「習俗」となっていった。一七八七年のある新聞記事に「洒落て《ボン・トン》いるというのはバースのことだ。バースに行ったことがないというのは格好よい《ボン・トン》とはいえないわけだから」という文章をみることができる。

バースの一日――タイム・テーブルどおりに

バース街道から馬車で入市する者が最初に耳にするのは旧僧院教会の鐘の音である。この鐘は到来者があるたびに鳴って全市にそれを告げるのだ。ここで到来者は鐘つきのために半ギニー支払う。宿に到着するとかれは、バース滞在を開始する前に、舞踏会や音楽会に参加するための会費として二ギニー、集会堂の外の遊歩道を散策する権利を得るために身分に応じて五シリングから一ギニーまで、貸本屋から本を借りるために、あるいはコーヒーハウスでペン、インク、紙を借りるためにそれぞれ五シリングから半ギニーまでの会費を納めて財布を軽くせねばならない。バースの経済が寄付・会費（いずれも英語では subscription）という制度を基礎としていることは興味深い。

バースの一日は朝六時に始まる。それから九時までの間にポンプ・ルームを訪れ、好みしだいで入浴したり鉱水を飲んだりする。宿からポンプ・ルームまでは籠椅子に乗って運ばれ、そのまま湯に入ることもできるのである。一八世紀のバースのガイド・ブックには、市内各所からポンプ・ルームまでの正確な距離が示されているが、これは距離に応じて酒手を払う必要からである。朝食まではコーヒーハウスでロンドンから届く新聞を読む。朝食はポンプ・ルームに全員出席の上でとるのである。時にはコンサートやレクチャーに耳を傾けながら。そのあとには教会での礼拝が待っている。午後は散歩をしたり、帽子屋、玩具屋をひやかしたり、馬車や乗馬で郊外に出たり、貸本屋、コーヒーハウスに足を運んだり、

●バースの賭博場

まちまちに時間をすごすわけである。早めの正餐のあとは再び教会で夕べの祈りを捧げ、ポンプ・ルームに三度目の訪問ということになる。夜は集会堂でのお茶にはじまり、劇場、賭博場、舞踏会場で更けてゆく。正一一時にすべてが終了し、この時刻以降はいっさいの公的娯楽が禁止されるのだ。

滞在期間中の毎日を同じタイム・テーブルにしたがっておくるうちに、人びとは一日に何度も、しかも毎日同じ顔に遭遇し、親密さを増すことになる。デフォーは一七二四年に「友達づきあいと気晴らしこそがこの土地の仕事なのだ」と書いた。同一のタイム・テーブルにしたがった集団的で公共的な娯楽が、バース社会の一体性、均質性を育むのである。「バースの王」が君臨し「バースの法」が支配する特別の空間にあっては、「上は高貴のお方から下は賤しい商人にいたるまで、皆ごちゃごちゃに混じり合って、それこそ無礼講で互いに挨拶を交わす」(T・スモレット『ハンフリー・クリンカー』)のである。ジョージ二世の奇矯な王女アメリアが、一一時を過ぎてもう一踊りをと所望したとき、ナッシュはにべもなくはねつけた。「私は王女よ」という王女の抗議に、「仰せのとおりですが、ここでは私が統治しているのです。バースの法はリュクルゴスの法(古代スパルタの法律)のように堅固なのです」とナッシュは答えたのであった。

行動と服装の画一性は、貴族社会に侵入する異分子に、一時的で擬制的な資格を付与することになる。このことが外国貿易や海外植民地への赴任で蓄財した資産家たちが、地主社会に融合し、貴顕たちと交際することを容易にするのである。

バースは男性社会と女性社会がもっとも接近した場所でもあった。これはバースの社会がもっていた均質性のもうひとつの意味である。浴場では時に混浴もおこなわれたし、それ以外にも男女が顔を合わせる機会はほとんど一日中あったといってよい。女性に対する礼儀にやかましかったナッシュの掟は、ある意味では、女性へのアプローチの仕方を教えるものであったということもできる。ここは零落した貴族・ジェントリの子弟と資産家の娘が、互いに不足している財産と家門とを相互に贈答することができる結婚市場であり、そのために自分を展示するショウ・ウィンドウでもあったのだ。

社会的異分子の加入そのものはバースの衰退をもたらすものではない。しかしバースのもっている見せかけの均質性、一団となって時刻表どおりに行動する画一性が失われたとき、バースはその社会的機能を失うのである。バースは顔見知り同士が内輪に集まって交際し、見知らぬ者はすれちがいつづける静かな町に変貌するのである。一八一一年に、ひとりのフランス人旅行者が目にしたバースは「一種の僧院と化し、年老いた男女の、とりわけ女の独身者たちばかり」であった。その四年前には集会堂がすでに閉鎖されていた。バースの黄昏《たそがれ》は駈け足でやってきた。

海水浴場——スパーの後継者

バースの生活、機能、没落どれをとっても、それはイギリスのスパー・タウンの典型でありモデルであったといえよう。バースよりも首都に近く、またバースとちがって夏の間の水質がよいことで人気のあった鉱泉の町タンブリッジ・ウェルズも、一九世紀に入ると昔日のおもかげないほどに凋落してしまった。おもしろいことにこの町も、その衰退するさまを僧院にたとえられている。

引く潮のようにスパーを見捨ててしまった貴族と取りまき、地主と資産家たち、女房と娘たちはどこにいってしまったのだろうか。その問いにウィリアム・クーパー（一七三一〜一八〇〇）が一七八二年に書いた詩が答えてくれているようだ。

退屈きわまる生活の気晴らしするのが得意な
陽気な未亡人、それから乙女と女房は

●海水浴場ブライトンの離宮，ロイヤル・パヴィリオン（1820）

馬車に乗り船に乗り
日ごと夜ごとの楽しみを求めて海へと飛び立つ。
だれもかれも、乾からびた土地に耐えかねて
こぞって海に駈け込むのだ。

男たちもまけてはいない。この詩が書かれた翌年に、ジョージ三世の皇太子（のちのジョージ四世）は、タンブリッジ・ウェルズにほど近いサリー州の海岸にある海水浴場ブライテルムストンをはじめて訪れた。のちにブライトンと名前を改めることになったこの土地がよほどお気に召したのだろうか、皇太子はその後もたびたび足を運び、一七八七年には、外見はイスラム寺院のようで内装を中国趣味に飾りたてた離宮の建設を開始した。この離宮を拠点に摂政宮である皇太子とその取りまき連がくりひろげた放蕩と歓楽の生活ぶりが、この土地の名を一挙にイギリス中無類のものにした。軍隊行進、競馬、懸賞つきの

拳闘、舞踏会、晩餐会、そしてダンディを自認した人びとのあらゆるたぐいの奇抜な振舞いが「虚栄の市」ブライトンの名物となった。

いささか無軌道ぶりが目立ってはいたが、ブライトンはバースの後継者として承認されたといってよい。ブライトンばかりではない。新しいリゾート地として一八世紀に台頭してきたスカーバラ、マーゲイトといった海水浴場には、誰の目にも明らかなナッシュの刻印が記されていた。集会堂、会費制の舞踏会、遊歩道、巡回図書館、オーケストラ、講演、ダンスやカードを統制する厳格な規則、「儀典長」、鐘、共同朝食……。海水浴場は海岸に場所を移されたスパーだったのである。スパーの全盛期には、ほとんどの海水浴場は人に忘れられたひなびた漁村にすぎなかったというのに。一七三六年のJ・エヴァンズの書簡にみられるブライトンが、摂政時代《リージェンシー》(一八一一~二〇)のブライトンと同じ場所であるとは信じられない気がする。「私たちは今、ブライテルムストンの浜辺で陽の光を浴びています。私の朝の仕事といえば海で水浴することで、それから魚を買うのです。夜は空気を味わうために馬に乗り、サクソン人が陣を張った古跡を見物し、沖に浮かぶ漁船の数をかぞえます。」

忘れてならないのは、私たちには海水浴は銷夏法のひとつであるが、イギリスでは必ずしもそうではないことだ。イギリス最初の海水浴場といわれるスカーバラは寒冷なヨークシャーの海岸にある。最初に海水浴を経験した人びとは、冷水に体を沈めることが病気を癒す効果があると信じていたのである。

ブライトン在住の三人の医者が、皇太子の登場以前に、すでにこの土地の名を有名にしていた。一人目の医者はリチャード・ラッセルである。かれは『松果体の疾病における海水の利用』を書いて、海水浴、海水の服用、新鮮な空気の摂取をおおいに推奨した。この書物ははじめラテン語で書かれたが、一七五二年に本人の手で英語に訳された。何度も版を重ねているから、多くの読者に読まれたのだろう。かれがブライトンで開業したのは一七五四年であったが、かれのもとで診療を手伝っていたアンソニー・リーランは一七六一年、『ブライテルムストン小史』を著した。これは最初のブライトン案内書であり、この土地が「特別に健康的」であることを強調することで、健康を希求する多くの金持ちと上流人とをこの町に引き寄せることになった。

リーランはブライトンの出生率・死亡率を算出し、一七五三年から六〇年までの年平均死亡率が、人口六二人当たりに一人しかなかったことを示した。同じ期間のロンドンの年平均死亡率が三二人に一人であるのと比較すると約半分である。ブライトンの土壌と気候の両方が健康に適していることを、かれはその理由として挙げている。

三人目の医者は『ブライテルムストン考：海水浴と海水の飲用について』（一七六八）と題するパンフレットを出版したジョン・オウシターである。このパンフレットの目的は、「不幸にも病を得た人びと」のために海水入浴施設の建設を促すことであったが、それに呼応するものがいないことを知ると、一七六九年、オウシターは自ら定礎をおこない、六つの冷水浴場とひとつの温水浴場、ひとつのシャワー用の浴場の設備をもつ海水風呂を完成させた。浴場には機械仕掛けで海から水がひかれた。胃の弱い人が海水を服用する場合にはミルクと混ぜ合わせるようにとかれは注意している。

王室の愛顧を得たことをきっかけに、保養地《ヘルス・リゾート》が行楽地《プレジャー・リゾート》に転換するという、バースで起こった変化が、一〇〇年後にブライトンで繰り返されたわけである。とはいえ行楽地となったのちもブライトンは、この土地が健康にこのうえなく適していて医療設備が整っていることをアピールするのをやめたわけではない。

オウシターの海水風呂をまねた施設もつぎつぎとオープンした。たとえば一八一三年にネーサン・スミスが設立した大砲浴場はいったん閉鎖されたのち、一八六五年にグランド・ホテルが新設されたさいに再建され、ホテルから直接の通用口で連絡していた。一八六一年には女性専用の水泳浴場が開設された。その年八月の『ロンドン絵入り新聞』はつぎのように報じている。

女性教師が上品で素敵な水泳術を指導する。建物はその目的のために七〇〇〇ポンドを費して施工したもので、「海水浴場の女王」を訪問する上流人士は、すでにその企業心旺盛な持主に支援の手をさしのべている……。会員録に長々と列なしてならぶ名前は、身分と地位のある多くのレディたちのものだ。

ここでは健康と娯楽、健康と流行がわかちがたく融合しているのを知ることができる。

「遊覧列車」が走る

生活習慣は社会的に上位のものから下位のものに伝播してゆく傾向がある。自分より地位の高いものの生活ぶりを真似てみる、いわゆる「気どり《スノバリ》」というものがあるからだ。海水浴も例に洩れず「成金」やミドルクラスが真似るところとなった。ロンドンの「スノッブ」たちがまっさきに目をつけたのは、ロンドンからの船便があったマーゲイトである。一八二〇年代にはロンドン・マーゲイト間を豪華蒸気船が往復していた。

ついでブライトンにも押し寄せる。「（ブライトンの）夏の何ヵ月かはロンドンの商人たちに譲り渡され、秋口はといえば法律家たちに引き渡された。一一月ともなって法律家たちがウェストミンスター（国会議事堂がある）に呼び戻されると上流階級がブライトンへ移動を始める。寒厳な季節の風にあたるためにだが、この季節には大衆がかれらの楽しみに加わってくることはまちがってもない」（『ニュー・マンスリ・マガジン』一八四一）。ブライトンは二シーズン制をとることになった。ミドルクラスがごったがえす夏と上流階級が独占する冬。そして美麗に着飾った冬期の客にはブライトンが海水浴場であることなどどうでもよくなろうとしていた。のちに保守党党首として首相をつとめることにもなったディズレーリ（一八〇四～八一）は、一八四〇年にロイヤル・ヨーク・ホテルに滞在してエビ料理を満喫したが、その食卓のエビだけがいま海岸にいることをかれに思いださせたのである。

一八四一年のロンドン・ブライトン鉄道の開通が大衆化に拍車をかける。開通直後には一日上下一三本の列車がロンドン・ブライトン間を走った。この数は一八五三年には一日二四本、六一年には三二本に増加する。料金は一八四一年で一等片道一四シリング六ペンス、二等が九シリング六ペンス、通用一日かぎりの往復切符はそれぞれ二〇シリングと一五シリングであったから、駅馬車時代の片道二一シリング（外部座席一二シリング）と比較して相当に安くなったといえよう。さらに、鉄道会社は休日には特別の遊覧列車をしたてた。四〇両以上も連結されたほとんどは無蓋車からなる車両に、乗客は文字どおり立錐の余地もないほどすしづめにされたが、料金は一八四五年で往復五シリングと、通常列車に比較してさらに格段の安さであった。この料金は一八四九年には三シリング六ペンス、一八六一年には二シリング六ペンスとたてつづけに値下げされた。「ブライトンまで行って帰って三シリング半」という文句が一八五〇年代の流行語であったという。こうして費用が軽減されるたびに、たとえ一日かぎりではあれ、浜辺でのレクリエーションが夢ではない階層が増えてゆくのである。

遊覧列車が走ったのはロンドン・ブライトン鉄道だけではない。むしろ、北部の工業地帯の方が遊覧列車の主要な活躍舞台であったようである。一八四四年の八月には『プレストン・クロニクル』紙が、安上がりの旅行や物見遊山が今では「大流行り」であると報じるほどであった。その一週間前には、三八両の車両が「主に労働者階級」からなる一七〇〇人の乗客を乗せてフリートウッドへの遠足に出発したのであった。

最上の衣服を身につけ、楽隊を先頭にした労働者とその家族は、一八四〇年代の夏のランカシャー鉄道路線におけるありふれた光景になった。一八四八年八月には、遊覧列車がブラックバーンから西海岸の有名な海水浴場ブラックプールに一二〇〇人の人を運んだ。多くは海水浴場をまだ見たことがない人びとであった。「料金は往復一シリング、最悪の環境にあるものには切符は与えられるかあるいは割引き料金で売られた。かたまりにして二〇〇ほど、重さにして二〇〇〜三〇〇ポンドのチーズが有蓋貨車に積みこまれ、軽食を各自準備するようにとの指示に応じられない人びとのために用意されていた」(『ブラックバーン・スタンダード』紙)。

海水浴場の休日

貴族・ジェントリ層からミドルクラスへ、ミドルクラスから労働者の上層へとテーブルは確実に回転していた。それに応じて、海岸リゾート地での生活様式そのものが変化する。この新しい様式の特徴は、バースや初期のブライトンで見られたような社会的均質性の欠如であり、集団の小単位への分解であった。いいかえれば、そこにあったのは「家族の休日」であった。海水浴場を埋めつくしたのは、子供たちを自分の手で養育している人びとであった。

むしろ海水浴場の主役は子供たちであったのかもしれない。

ママは娘やおちびさんたちと水浴びするために浜に下りて行く。一行は少なくとも二つのマシンを選ぶ……。どの席もふさがっている。ボートも小さなヨットもいっぱいだ。小石をすくってボートの中に注ぎこむ子がいれば、それを注意深く拾って外に放り出している子もいる。木製のスコップは大忙しだ。ときにはかれらはそのスコップで頭の叩きっこをする。ときには海水の入ったバケツを妹の上っぱりめがけてからにする。（R・ジェフリーズ『オープン・エア』一八八五）

●ブライトン海水浴場（1820年代）

引用にあるマシンとは当時「水浴機械」bathing machine といわれたもので、イギリスの古い海水浴場の写真をみると必ずといってよいほど見ることができる。一種の馬車で、客を波打ちぎわまで運ぶ。客はその間に着替えをすませるのである。一八六六年にはブライトン海水浴場で三〇〇台のマシンが使用されていた。使用料は三〇分以内で男性六ペンス、女性九ペンスであった。女性のほうが高かったのはどういうわけだろう。

もうひとつ、「水浴機械」とならんで一九世紀の海水浴場に典型的な施設は「桟橋《ピア》」である。もちろん、はじめは船着場として建設されたものであるが、じきに一大娯楽施設そのものに化してしまった。鋼鉄で組みたてられた「桟橋」の上に大暗室《カメラ・オブスクーラ》、日時計、大砲、土産や鉱水の売店、遊歩道、有料体重計が所せましと配置された。突端にはパヴィリオンが建設されて演芸や軽食が提供された。一八六六年にオープンしたブライトンの西桟橋は、レンズの集光作用で正午に正確に時をうつようすえられた大砲がよびものとなった。この桟橋はいちどきに二〇〇〇人を収容することができ、一八七五年には年間六〇万人が入場したという。一八九八年には小さな劇場までがブライトンの「宮殿桟橋《パレス・ピア》」の上に建設された。

耳に入ってくる物音も、スパーと海水浴場のちがいをはっきりと示している。スパー・タウンの典型的物音といえば、入市を告げる鐘の音とポンプ・ルームでの室内楽であっただろう。海水浴場は格段に騒々しい。子供たちの、ときには大人たちの歓声に加えて、浜辺や桟橋のバンド・スタンドで演奏するブラス・バンドの金管の音、顔を黒くぬったニグロ・ミンストレルのバンジョーと「骨をカタカタ打ち鳴らす」音、それに果物、貝殻細工、ビール、新聞の売り子たちの物売り声が混然一体となって耳に飛びこんでくるのだ。人がめいめいに自分の休日を見つけるにふさわしい音響効果であったといってよいのではないだろうか。

金と暇

工場労働者まで含めて国民規模でレジャーを楽しむことを可能にした背景について簡単にふれておかねばならない。それは休日の増加と実質賃金の上昇である。

まず休日であるが、ミドルクラスについては問題ない。一八七五年の「公務員調査委員会」の調査によると、銀行、保険会社、商店、鉄道会社その他のオフィス勤務者の場合、通常二週間の年休が保障されており、それが上級の職にあるものや長期間勤続者には三週間に延長され、しかも経営規模の大きなところではこの年休は有給休暇であった。労働者の場合、産業革命の過程のなかで休日は最小限にまで削減されていったが、一八三三年の「工場法」で木綿工場の児童労働者に一年八日の半日休が規定されたことが、工場労働者全般の労働時間短縮の端緒となった。そこにいたる経緯は措くとして結果のみについていえば、一八六七年にはすべての産業における工場で土曜半日休が達成され、一八七一年にはいわゆるラボック法が国会を通過して年四回の銀行休日《バンク・ホリデイ》が制定された。これは事実上、全企業の休業を意味するものであった。

こうした単発の休暇ではなく、一定期間の年休が労働者にも与えられるようになるには時間を要したが、少なくとも一九世紀の末には「労働者が勝手に不定期の休日をとらない場合には、雇用者の方から一週間の休暇が与えられることも異例ではない」(C・ブース『ロンドン住民の生活と労働』一九〇二)と言われるようになった。有給休暇の法制化はようやく一九三八年になってからであったが、一八八〇年代にはすでにいくつかの企業で採用され、適用条件に(たとえば職工長のみというように)差はあったが徐々に一般化する傾向にあった。

一九世紀後半に実質賃金の上昇があったことは否定しえないだろう。だからといって、すべての人が休暇に遠出するだけの経済的余裕を獲得したというわけではない。大部分の労働者にとって、その収入から家族旅行の費用を捻出することはかなりつらいことであった。成年男子の工場労働者のおおよその平均年収は六〇ポンド程度で、週四〇シリング以上の収入を得ているものは二パーセントにも満たず、八二パーセントの人が週に三〇シリングかそれ以下の収入であった。九〇年代の農業労働者の賃金の平均は週一五シリング、都市には何千もの飢餓線上にある人びとがいた。

しかし、一人の人間が生涯を通じて同じ経済状態にあるわけではない。仕事に景気・不景気があるうえ、人生にはいくつかの段階がある。通常、独身時代は生活が比較的楽であり、楽しみのためにその収入を費消することもできる。その人が結婚して子供ができると一転して困窮する。育児に費用がかかるうえに配偶者の収入をあてにできないからである。子供たちが成長して収入を得るようになると再び生活は豊かになる。子供たちが家を離れるとまたも貧困に逆戻りというわけである。以上が典型的な労働者のライフ・サイクルである。そして少なくとも、この第一と第三の段階にあるものは、比較的容易にかれらなりのレジャーを楽しむことができるのである。

都市と海岸

海岸リゾートはスパーにみることができなかったいくつかの自然条件をそなえていた。ひとつは広くて長い、砂や石ころの浜辺である。これはほとんど無限とも思える収容力を発揮したが、中心というものをもたない海岸線はスパー・タウンにおけるスパーのような求心的な力をもつことはなかった。古い絵ハガキにみられる無数の点になって海浜を埋めつくしている水浴客たちは、すぐ身近の隣人たちにもそしらぬ顔でめいめいに動きまわる点でもあったのだろう。

そして降りそそぐ陽光、まじりけのない空気、オゾン。一九世紀中ごろのイギリス人はだれかれなく汚染された空気への恐怖症に罹っていたようだ。エンゲルスの『イギリスにおける労働階級の状態』を読んだものであれば、結核に冒されたロンドンの労働者をかれが「青白いヒョロリとした胸囲のせまいうつろな目の幽霊たち」と表現した箇所を忘れることはないだろう。「ロンドンの、しかもとくに労働者地区の悪い大気が結核の発生にきわめて好都合」とエンゲルスは考えていた。都市および産業地域と結核やチフスの「原因」となる悪い空気、腐敗蒸気とは観念連合的に結びつけられていた。労働者街はいわずもがな、かりに高級住宅地であろうと大都市であるかぎりその空気が健康によいはずはない。医者は口をそろえて虚弱な児童や結核患者、あるいはその予後の療養が必要なものに海岸への転地をすすめた。だから、階層のいかんを問わず、海岸への行楽は都市からの臨時の脱出行であったのだ。博愛主義的な工場経営者が自ら遊覧列車を組織し労働者を海岸に引率したのも、それが労働者の健康に不可欠であると考えたからである。

ロンドン・ブライトン鉄道の開通にあたって鉄道会社が出版したパンフレットには、患者に転地をすすめる医者のつぎのような談話が掲載されていた。

どうしてブライトンへ行かないのですか。もっときれいな空気が堪能できるというのに。年に九ヵ月はすみきった海を渡ってきた風が吹き、陸からの風は、美しく見晴らしのよい丘陵におびただしく繁茂するタチジャコウソウの香りを運んでくるのです。

一九世紀の後半、ブライトンに与えられた異名は「首都の肺」というものであった。海岸では人びとはにわか博物学者になる。色とりどりの貝殻、小石、そしてイソギンチャクや小エビのような磯の生物、海藻を人びとは嬉々として拾いあげ、そして一八五〇年ごろから洪水ぎみに出版されていた博物採集の手引書をひろげ名前を確かめて満足げに納得する。これもまた日常と都市的環境を忘れ、その対極にたつ瞬間であった。

しかし、ほんとうに海岸で人は都市から離れることができたであろうか。冒頭に記したように、海岸リゾート地は一九世紀にあってももっとも人口膨張の著しかった地域である。鋼鉄製の桟橋、コンクリートで固められた岸壁、海岸大通りにそって立ち並ぶホテル群、乗合い馬車、乗合い自動車、やがては映画館、スロットマシーン、一九世紀から二〇世紀にかけてますます海岸リゾートは都市的表象を多くそなえてゆき、娯楽施設は機械化してゆくだろう。

二〇世紀の初めには、流行の海水着が全国的な雑誌の広告紙面を飾るようになる。都会で買いもとめたこうしたレジャーの「道具」をたずさえて海岸に突進し、あわただしい休日を送って、ただ千篇一律の絵ハガキ写真を土産に買って再び都会に帰る人びとを、「いかなる場合にも都市的環境の限界と必要のうちにあって発達したイギリス人のレジャー」は、都市からも産業からも解放することはなかったのである。

9 パブと飲酒

一九四三年のある書評でジョージ・オーウェルは次のように述べている。

「時代の全体的傾向は創造的でみんなで楽しむ娯楽から離れて、機械的で孤独な娯楽に向かっている。手の込んだ社会儀礼があり、活気にあふれた会話に満ち、そして——少なくともイギリスの北部において——歌やウィークエンド・コメディアンたちでにぎわうパブは、次第に映画やラジオの、受動的で麻薬のような快楽に取って代わられているのである。」

しかし、それは杞憂にすぎなかったようである。オーウェルが「イギリス人の生活の基本的な施設のひとつ」だとするパブは第二次大戦後のイギリス社会にあっても、とくに労働者にとって社交のなお中心的な位置をしめてきた。

さて、パブというと今日ではイギリスの大衆的な酒場としてのイメージが強いわけだが、その歴史をみていくとそれは単なる酒場以上の役割を、とくに近代都市の生成過程のなかで果たしてきたことがわかる。イギリスの歴史は議会の下院とパブでつくられてきたという人もあるくらいである。

都市の社会史という観点からパブが果たしてきた社会的な役割と、さらにその歴史的な変化を概観しようとするのがここでの目的である。一口にパブの歴史といっても地域によってさまざまであるが、ここではロンドンを中心にみることにしよう。

パブの歴史をみる場合、アルコール飲料の消費量、さらに飲酒行為そのものがもつ社会的な意味が、当然問題になる。まずこれらの問題から始めることにしよう。

一九世紀イギリスについての外国人見聞記にはしばしばイギリス人の飲酒癖への言及がみられる。たとえばフランス人、H・テーヌの有名なヴィクトリア社会見聞記『イギリス・ノート』にも、「人びとのあいだの酒びたりにはすさまじいものがある」との記述がある。テーヌはその原因をイギリスの荒涼とした風土と過重な労働の量に求めた。またかれはイギリスの酒はアルコール度がフランスのものに比べて高く、かれらの酒癖もよくないと述べて、次のようなお国ぶりを披露している。いわく、「フランス人は飲むとおしゃべりをする。ドイツ人は寝てしまう。ところがイギリス人ときたら喧嘩をおっぱじめるのだ。」また若きF・エンゲルスの傑作『イギリスにおける労働階級の状態』のなかの、劣悪な住居と苛酷な労働とが労働者を「飲酒癖」に駆り立てるという記述はよく知られているところでもある。

具体的に数字をみることにしよう。次ページのグラフは人口一人当たりのスピリッツ類（ジン、ウィスキーなど）とビールの消費量である。一八二〇〜三〇年代と一八七〇年代とがピークをなしていることがわかる。一八二〇年代のスピリッツ消費——具体的には主にジンなのだが——の異常な増加は、酒税の大幅な軽減による消費増に加えて、それまで政府がつかみきれなかった密造分が統計に現われたためである。そしてこの統計が発表されたことが直接の契機となって、一八二〇年代末から三〇年代初頭に節酒《テンペランス》運動が開始されたのであった。この運動は一九世紀における飲酒の社会的評価の変化に大いに関連するのだが、ここでは直接にはふれない。

さて、もうひとつのピークである一八七〇年代についていうと、スピリッツの中心はジンからウィスキーに移っている。それまでスコットランドとアイルランドに限られていたウィスキーが、イギリス全土で広く飲まれるようになるのは一八六〇年代ごろからとされている。一八七〇年代は経済史上、労働者の実質収入が大幅に伸びた時期とされているのだが、その増加分はかなりの程度までアルコール飲料の消費にまわったと推測される。当時、労働者の収入のうち平均、六分の一ないし四分の一がそれに充当されたとする社会調査の結果もある。

一八七〇年代をピークとしてそののち一人当たりのアルコール消費量は下降線をたどる。

図１　人口１人当たりのスピリッツ消費量（単位ガロン）

図２　人口１人当たりのビール消費量（単位ガロン）

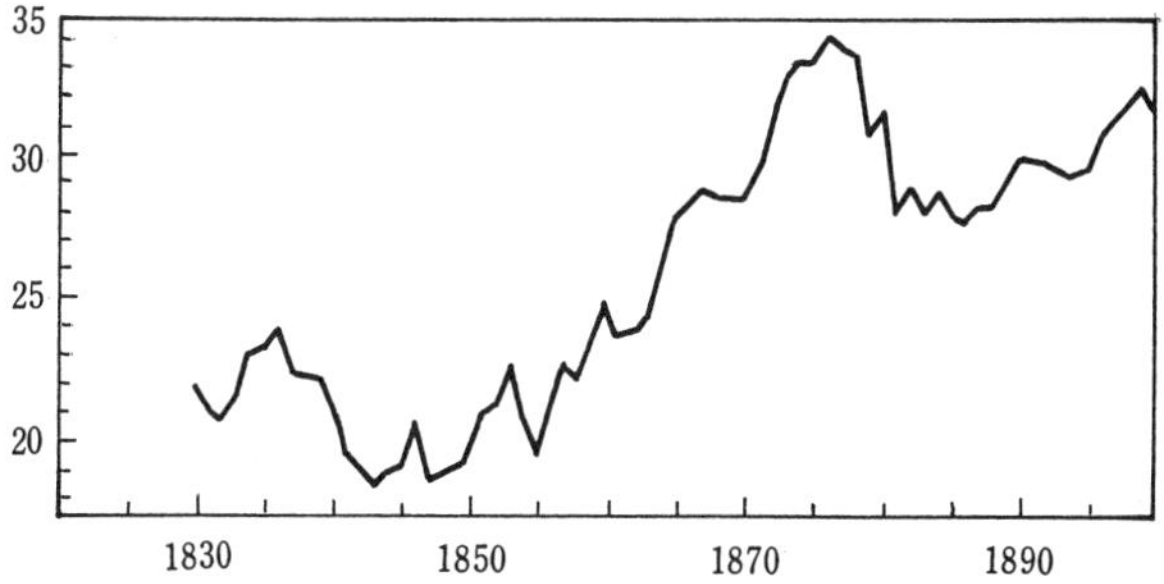

一八九五〜一九〇〇年のビール消費量は一人当たり三一・二ガロン、スピリッツは一・〇三ガロンであったのが、一九三〇〜三五年には前者は一三・三ガロン、後者は〇・二二ガロンにおちこんでいる。じっさい、両大戦間期はオーウェルがいうように「イギリスの国民的悪徳としての酩酊が事実上なくなった」とみてよい時期である。それはこの時代を特徴づける民衆の著しい生活の向上と、ラジオと映画に代表されるレジャーの多様化とによるものと考えられるが、いずれにしても以上のことから、一九世紀の民衆の生活のなかで飲酒というものが今日よりもはるかに大きな比重をしめていたことが明らかになったとおもう。

では、一九世紀のイギリス人の「飲酒癖」はどのようにとらえるべきであろうか。エンゲルスやテーヌのいうように初期産業社会における苛酷な労働条件と劣悪な都市環境とが、民衆に飲酒を強いたものとしてそれをみることは十分可能である。ところが近年飲酒の歴史を専門に研究している歴史家がエンゲルスを批判していうように、イギリス人の飲酒量は一九世紀になって突如、急増したというわけではない。正確な統計的比較は不可能にしても、一八世紀と一九世紀との間にそれほどの量的な差があったとは考えられないのである。むしろ量そのものよりも飲酒の社会的意味を問題とすべきなのである。

そこで次に一八世紀のイギリス人の飲酒にかんするベンジャミン・フランクリンの記述を

手がかりに飲酒の社会的意味の変化をみることにしよう。

フランクリン、酒手を拒む

フランクリンは若いころロンドンで印刷工をつとめたことがある。一七二四～二六年のことであった。かれの自伝にはそのときの模様が次のように描かれている。

> 私の飲物は水だけだったが、五〇人近くもいたほかの職工たちはみな大のビール党であった。……工場のなかには職工たちの求めに応ずるためにビール店のボーイがいつもきていた。印刷機械のところで働いていた私の相棒などは朝食前に一パイント、朝食の時にチーズをはさんだパンと一緒に一パイント、朝食と昼食の間に一パイント、昼食に一パイント、午後の六時ごろに一パイント、一日の仕事がすんでからもう一パイント、毎日これだけ飲むのだった。じつに忌まわしい習慣だと私は思ったが、かれのほうでは、激しい労働に耐えうるように身体を強くするには強いビールを飲む必要がある、と考えているのだった。

このあとにフランクリンは栄養価とコストの面ではパンと水のほうがずっと合理的だと続ける。この主張は一九世紀イギリスの節酒運動およびそれがもう一歩進んで派生した絶対禁酒《ティートタリズム》運動の人びとが、ビール批判のさいに好んで用いる典拠となった。次いでフランクリンは職場が印刷から植字にかわったときの模様を次のように述べている。

私は印刷の連中と別れた。すると植字工たちはビアンヴニュ、つまり新入りの酒手として五シリング私に要求した。私はすでに下で印刷工たちに出しているのであるから、これはぺてんだと考えた。主人も同じ考えで、出すなと言った。そこで私は二、三週間出さないで頑張っていたところが、そのために仲間はずれにされてしまい、一歩でも部屋を出ると、活字をごちゃまぜにする、一ページ分の組版を置きかえる、組版をこわすなど、さまざまの小さないたずらをされ……主人は庇ってくれはしたものの、いつも一緒にいなければならない連中と折り合わないでいるのは馬鹿らしいと悟って、ついに私はやむなくみんなの言うことを聞いて金を出すことにした。

以上のフランクリンの記述から、一八世紀にもイギリス人はよく酒を飲んだことが推定できる。さらに注目したいのは労働と飲酒の結びつき、そして職場における職人たちのあいだの儀礼である。フランクリンの相棒がいう重労働にたえるための飲酒、あるいは機械に支配されない、前産業社会期的な労働のリズムのなかに組みこまれた飲酒、そして労働仲間の社交のシンボルとしての飲酒、こうしたものは一九世紀になってもかなりの職種において、そして一部では二〇世紀になっても残るものであった。じっさい、のちにふれるジンとは異なって、ビールは国民の酒、あるいは健康を促進する酒というイメージが強くあった。ホガースの有名な版画「ビール通り」はそれをよく伝えている。同じホガースの「ジン横丁」と比較すれば一層それが明らかになるはずである。

一九世紀について重要なことは前産業社会期にあってはさほどやかましくいわれなかったこれらの慣行が、表立って議論され批判されるようになったことである。このことはもっと広くいえば産業社会における労働とレジャーの分離の問題になる。フランクリンは右の引用文のすぐあとで次のように書いている。「(私は) また決して休まないので――現に私は聖月曜日《セント・マンデイ》をきめこむといったことはなかった――主人の気に入り……。」この聖月曜日とは要するに土曜の夜に賃金をもらうと職人たちは日曜日はもちろん、月曜日も勝手に休んだということである。多くの場合、かれらはパブに出かけては酒を飲み、仲間とさまざまなゲー

●〈ジン横丁〉（ホガース　1750/51）〈ジン横丁〉と〈ビール通り〉はジンの飲酒による社会的影響が最悪の事態にいたったときに描かれた。この組絵のモチーフはまったく対照的である。〈ジン横丁〉では怠惰，貧困，悲惨さ，身の破滅が描かれているのに対して，〈ビール通り〉に登場する人びとは陽気で活気に満ちている

●〈ビール通り〉（ホガース　1750/51）

ムに打ち興じたのであった。この慣行は一九世紀になると蒸気機関の導入と生産過程の合理化のなかで産業資本家から激しい攻撃をうけるようになり、全体としてみれば一八四〇年代以降、画一的な土曜日の半ドン制が普及するにつれて次第にすたれていった。

「時は金なり」とはフランクリンの有名な格言であるが、それは時間を合理的に分割し、有効に活用しようとする産業社会の時間の観念にほかならない。フランクリンが問題とした職人たちの慣行はそれにまったく相反するものだった。一九世紀、フランクリン的な精神が社会に横溢するようになればそのような慣行は早晩廃止されるべきものとなる、あるいは少なくとも否定的な評価を与えられるようになる。労働の時間は寸分たりともおろそかにしてはならない、就業中にビールを飲むなどもってのほかである、レジャーはレジャーとしてその枠内に留めおかれなければならないのだ。フランクリンの目は一九世紀イギリスの産業資本家のそれでもあったのである。以上が飲酒の社会的意味のもっとも根本的な変化であった。

水、紅茶、コーヒー

ここではアルコール飲料の具体的な中身にまで立ち入ることはできないが、他の飲物との関連についてだけ簡単に述べておく。フランクリンはロンドンでもっぱら水を飲んだといっているのだが、じつをいえばロンドンでは人口がふえるにつれて水質は悪化の一途をたどり、一九世紀の中ごろにはまさに立派な公害といえるようなものにまでなった。したがってとくにビールないしエールは少なくともある程度は水の代用物であったと考えられる。この点についてひとつ興味深いエピソードがある。一八三二年、ロンドンはコレラにおそわれた。そして水質の悪さがその流行を助長したのだが、最汚染地域にあったにもかかわらずビール工場の労働者だけはそれを免れた。ビールを飲んで水を飲まなかったためである。

たしかにコーヒーと紅茶はあった。これらがごく日常的に一般に飲用されるようになるのは、コーヒーは一八二〇年代の関税引き下げ以降、紅茶は関税が軽減され、そしてインドからの輸入が激増する一八四〇年代以降のことであった。ロンドンの通勤路には歩いて出勤する労働者に朝食とビールやエールを供するパブが鈴なりに並んでいた。ところが一八二〇年代からそれに対抗するものとしてコーヒーと食事を出すコーヒーショップが進出するようになる。さらに、一八四〇年代になると「コーヒー・ストール」と呼ばれる屋台が通勤路に出てコーヒーや紅茶と食事を出すようになる。一九世紀中ごろのロンドン下層社会の調査として知られるH・メイヒューの『ロンドンの労働とロンドンの貧民』によればその数は三〇〇にも達したという。またメイヒューはジンジャー・ビール、ソーダ水、レモネードなどの新しい飲物がロンドンの街頭で売られるようになったことをも記録している。大局的にみればこのような飲物の多様化によってアルコール類はその比重を下げていったとみてよいだろう。

パブとは何か

「パブ」というのはいうまでもなく「パブリック・ハウス」の略称である。一口にパブといっても歴史的変遷からみて、またパブ開店の免許の法的規定からみてもその内容は多岐にわたるが、一九世紀では次の五つのタイプに分けることが可能である。第一は「イン」。居酒屋兼宿屋と訳されるが、一六〜一九世紀、各地域社会でじつにさまざまな機能を果たした。第二は「タヴァーン」。ふりの客に食事と酒を供するところで、イングランドでは少なくとも一三世紀にその存在が確認される。第三は「エールハウス」。主にエールないしビールと食事を供するが、格は第二のものよりおちる。一六世紀のイギリスにおける都市化のなかで急増した。第四は「ジン・ショップ」。ジンがイギリスで飲まれるようになった一八世紀以降のもので食事は出さずもっぱらジンを供した。最後に「ビール・ハウス」。一八三〇年のビール法によるビール販売の自由化で出現した。

以上、五つのタイプのパブがあったわけだが、まず注目されるのはパブを利用する客の社会階層的な変化である。図式化していうと一八世紀までは社会のあらゆる階層がその必要に応じてパブを利用した。そこでは上・中流階級の人びとと下層の民衆とが肘をつき合わせて酒を飲むということも十分ありえた。ところが一九世紀になると上・中流階級人は本来のパブに代わって次第にクラブ、ホテル、カフェ、レストランなどを利用するようになる。そして一九世紀末までには次のようにいわれるようになった。「タヴァーンは低級なところだと烙印をおされてしまった近ごろでは、たとえば弁護士にとって、レストラン以外のパブリック・ハウスに入るのをみられてしまうことはかれの命取りになりかねない。」

ところで一八五一年のロンドン万国博覧会のころまでのイギリス社会では、パブはどのような役割を果たしていたのか。交通センター、レクリエーション・センター、いろいろな意味での出会いの場、としての役割がその主なものであろう。一九世紀前半のイギリスでは、なお早熟的なものではあったが、市民社会といえるものが形成され、さまざまなヨコの社会関係が成立してきたのに、他方ではそのような関係を具体的に支える場が十分に整備されていなかった。いわば、このギャップを埋めたのがパブであった。したがって、一九世紀の半ば以降そのような場、つまりいわゆる社会的アメニティが次第に充足されていくにしたがって、パブが果たしてきたさまざまな機能はそれぞれの専門センターへと受け継がれていく。

その結果としてパブは今日みるように大衆酒場として落ち着くわけである。このことは前産業社会期にやはり多面的機能をもっていた家族が、次第に消費単位として落ち着く過程と似ているともいえよう。そして以上のようなパブの機能分化とさきにみたパブの客の社会階層的な分化とが重なり合うことはいうまでもない。

まず交通センターとしてのパブの役割からみていこう。ここで主に問題になるのはインである。それは地方都市における駅馬車の中継点であり宿泊施設であった。しかし、インの役割はそれにつきるものではなかった。インは毛織物、穀物などの商業取引場であり、加えて地方政治が取りおこなわれる場所であり、そして一八世紀に一般化していくコンサート、演劇、各種公開講演会、品評会、展覧会、見世物等々の催し物会場でもあった。最後の点についていえばインは各地方都市にとってロンドンからの最先端の文物の取り入れ口だったのである。

交通センターとしてのインの機能は一九世紀になると急速に低下していく。いうまでもなく鉄道時代の到来のためである。インに代わってステーション・ホテルが一八四〇年代から各ターミナルごとに建てられていった。

ところで、この鉄道時代の幕明けにかんして興味深いのは節酒運動と鉄道の深いかかわり

●駅馬車の中継点であったインは地方都市の政治・経済・文化の中心でもあった（1831）

である。当時、鉄道会社は従業員の飲酒について今日以上に神経質にならざるをえなかった。そのころの飲酒の習慣をおもえばそれは当然のことだったわけだが、そこでは節酒運動に加わった労働者がかなり採用されたという。もうひとつ、次に述べるレジャーに関連することだが、鉄道による旅行は都市内のパブを根城とした「不健全」なレジャーに取って代わるべき「合理的なレクリエーション」のひとつとして大いに喧伝された。『自助論』の著者として知られるS・スマイルズは節酒運動がパブと飲酒癖を攻撃することだけに頭がいってしまって、それに代わりうるような新しいかたちのレクリエーションを民衆に提供する必要性をなかなか理解しなかった点を批判して次のように述べている。

わが節酒運動の改革者はこうした真実の重要性をなかなか認めようとはしなかったが、ようやく最近になってそうした認識にたって活動するようになった。飲酒癖を打ち破るにはもっと高尚なアトラクションによってそれを凌駕する以外に道はないことを悟り始めたのである。高尚なアトラクションとはたとえば音楽、安い鉄道旅行、安い入場料のコンサート、そして農村での安上がりのお祭りといったようなものである。

さらに興味深いのは本格的な団体旅行のはじまりと禁酒運動の関連である。一八四一年、禁酒主義者トマス・クックは全国禁酒大会に人を送り込むために五七〇人の団体旅行列車を仕立てた。これが鉄道による団体旅行のはじまりとされている。クックは一八五一年のロンドン万国博覧会でも団体旅行を組織したが、この万国博では会場からアルコール飲料がいっさい閉め出された。このことは飲酒の社会的評価という点でじつに象徴的ともいえる措置であった。

レクリエーション・センター

次にレクリエーション・センターとしてのパブをみることにしよう。一九世紀の末、ある労働者が、一八三〇年代のヨークシャーの工業地域について、次のように追想している。

自分の家以外のところで時間をすごすとすれば行くところは二つしかなかった。教会とチャペル、もしくはエールハウスである。前者はめったに開いていなかった。後者はめったに閉まっていることがなかった。前者はおもしろくなかったが、後者はうまく人を引きつけるようにできていた。

一九世紀の産業都市の劣悪な住居条件をおもえば、家庭でレジャーを楽しむことなぞ一般民衆にはおよそ高嶺の花でしかなかった。そしてレクリエーションにかんしてヨーロッパ大陸のカトリック教国とイギリスが根本的に異なるのは、後者の国教会ないしプロテスタント諸派が、右の引用文が示唆しているように、一般大衆のレクリエーションの欲求におよそ無関心ないし敵対的だったことである。その意味ではパブは教会の代役をつとめたともいえるのである。したがって、一九世紀初頭、都市の一般大衆が余暇をすごそうとおもえばほとんどパブに行くしかなかったといっても過言ではないだろう。

さて、レクリエーションの社会的形態も一八世紀から一九世紀にかけて大きく変化する。イギリス人のある研究者によれば次のようになる。一八世紀をつうじてジェントリは「庶民のカルチャー」からまだ完全には遊離していなかった。かれらは民衆の伝統的なレクリエーションにたいして寛容であり、ある程度まで各種ゲームのパトロンをつとめるかたちで自身それに直接かかわった。そして身分の分け隔てなく社会のあらゆる階層の人びとが伝統的なレクリエーションを楽しんだのであった。それは多分に農村共同体的なレクリエーションのパターンであった。変化が訪れるのは飲酒問題と同じように一九世紀になって、さまざまな伝統的ゲーム、さらにフェアーにたいして当局からの厳しい規制が加えられるようになってからのことである。同じ時代に、上流階級であるジェントリや中流階級が、パブリック・スクールをひとつの核として、イギリス・ジェントルマンにふさわしい近代的なスポーツのルールとマナーを形成していったことはとくに注目に値する。ジェントルマン文化と庶民のそれは、レクリエーションの面でも見事に分離してゆくのである。

ところで、パブリカンと呼ばれるパブの経営者は、ジェントリと並ぶ伝統的なゲームのプロモーターでもあった。パブの室内におけるゲーム、さらに歌、芝居、ダンスに加えてかれらはジェントリと同じようにフットボール、クリケット、ボクシング、レスリング、ボート、棒術、競歩等々のゲームを組織した。さらにかれらは闘鶏、クマいじめ（鎖につながれたクマに犬をけしかけてかみつかせるもの）、ネズミ殺し（囲いに放たれたネズミを犬がかみ殺すもの）等々の伝統的な動物虐待のゲームをジェントリにならって組織することもあった。

●闘鶏（ホガース　1759）

一九世紀になってからも、こうした伝統的ゲームはパブを中心に根強く残ったのだが、今や社会の支配的イデオロギーとなる禁欲主義的なピューリタニズムの精神にとって、それは過度の飲酒と同じく排除されるべき大衆の悪習でしかなくなる。まっさきに槍玉にあげられたのは動物虐待のゲームであった。そして、その廃止の急先鋒に立ったのが今日でもよく耳にする「動物虐待防止協会」であったのだが、その設立はイギリスにおける節酒運動の開始に先立つことわずか六年前の一八二四年のことであった。

一九世紀のイギリス社会では節酒運動、動物虐待防止運動に代表される「モラル・リフォーム」の運動が、ある意味では政治運動よりも熱烈かつ広範に展開された。それらの運動は当時の表現でいえば、「リスペクタブル」な市民、いわば品行方正な市民の理念に導かれていた。こうした一九世紀イギリスのモラリズムは、明治以来の私たち日本人の抱くイギリス市民像にかなりの影響をあたえてきたようにおもわれるのだが、それが現実の人びとの生活をどこまで律したのかについては再検討の余地があるだろう。一九世紀に限っていえば、中流階級および一部の労働者の生活スタイルを律するうえでそれが大きなウェイトをしめたことは確かである。しかしながら一般大衆のレヴェルでみればモラル・リフォームの運動は、それがのちのちまで熱心におこなわれた事実が逆に雄弁に物語るように、少なくとも直接的にはほとんど効果をあげることができなかった。それらの運動は一般民衆の現実の生活をあまりにも無視していたからである。この点を批判してH・メイヒューはいう、「強いられた労働の苛酷さでへとへとになり、そして生きのびていくための奮闘でげっそりした」人びとにとって「大衆演芸場やビール・ショップや賭博場」などに「一時の享楽」を求めるのはごく当たり前のことではないか、と。一九世紀後半になれば「モラル」の向上はたしかにみら

●タヴァーンで開かれた犬の品評会（1855）

れるが、それは何よりもまず生活の向上と社会的アメニティの充足によるものだったのである。

話がいささかそれた。レクリエーション・センターとしてのパブの運命に話をもどそう。一九世紀初頭、パブリカンは都市の日常的な娯楽の「重要な商業的プロモーター」であったわけだが、やがてパブ業から自立した専門的プロモーターが輩出することになる。その典型的なものが、一八四〇年代に誕生するミュージック・ホールだった。この大衆向けの娯楽ホールは伝統的なパブにおける歌と踊りが専門化し、ついにパブから完全に独立するかたちで生まれたものであった。同じように伝統的なゲームもパブリカンの手を離れ、その一部はパブリック・スクールでのジェントルマン的スポーツの形成と並行して近代的なスポーツとして自立していくことは前にも説明した。その典型的な例がフットボールである。フットボールは一九世紀後半には全国的なルールが定められ、そして一八六三年、フットボール協会が結成されて以降、今日のプロ・フットボールにつながっていくのである。

生活、政治、宗教の十字路

最後に、パブはさまざまな意味で出会い《ミーティング・プレース》の場であり、また一般民衆にとっては日常生活の種々雑多な必要をみたし《ミート》てくれる場でもあった。

労働者にとってパブは労働組合の所在地であり、友愛協会の例会場であり（その場合、積立金の管理はパブリカンにゆだねられた）、職業紹介所であった。そして何よりもそこは一週間の賃金を受け取るところであった。この最後の点にまつわる悪習は当時しばしば指摘された。たとえばメイヒューは次のように書いている。

土曜の夜遅く、しかもパブリック・ハウスで職人に賃金を払うやり方だと、かれは一日の仕事でくたくたになっているものだからどうしてもタヴァーンに足が向くことにな

●タヴァーンの屋外ダンス場。ガス灯に照らされたダンス場には劇場までついている

る。暖いタップ・ルームの暖炉のそばで時間はあっというまにたってしまう。おかみさんが亭主の賃金をあてにしてやってくるころには、賃金のかなりの部分は飲み代にすでに消えてしまっているのだ。

それればかりではない。土曜日の夜、パブで酒を飲んだあとの帰り道でもらい立ての給料を、それも多くの場合、顔見知りの人間に強奪されてしまうという犯罪例が当時信じられないほどひんぱんにあった。

その他、パブには明り、暖房、新聞、そして何よりも社交があった。さらに公衆便所もパブがちゃんとその必要に応じていた。またさきにもふれたように、朝早く徒歩で通勤する労働者はそこで朝食をとり、そして勤め帰りにももちろん一杯ひっかけることができた。このようにみてくるとパブは今の日本でいえば喫茶店ないしスナックによく似通っているようにおもわれるのだが、どうであろうか。

パブはまた、各種の「組織」にも集会の場を提供した。一八三〇年代のパブについて、次のような一文が残っていて、その事情をよく示している。

> あらゆる階層の人びとが、世論の関心の的になっている問題について、議論を闘わせたり、ひとの意見や批判を聞くために、パブに集まった。あらゆる学派や党派に、それぞれひいきのパブリック・ハウスがあった。

政治上の組織も、それぞれ特定のパブを根城とした。とくに民衆レヴェルの政治活動にとって、パブは利用できるほとんど唯一の施設であった。すでに一七世紀のピューリタン革命の時代、レヴェラーズなどの革命左派はパブを根城とした。ある保守派の人は「あらゆるタヴァーンやエール・ハウスで宗教が今や共通の話題になっている」光景をみて衝撃をうけた。またランターズと呼ばれた狂信的な宗教上のセクトの一人は、タヴァーンを「神の家」と呼んだ。都市のパブで同志と酒を飲みつつ宗教を、政治を自由に語り合うことは中世的な束縛から人びとがようやく解放されたことの証しでもあったのである。

フランス革命期のイギリスの民衆的ラディカリズムの組織として知られる「ロンドン通信協会」も一七九二年、「ザ・ベル」と呼ばれるタヴァーンでの会合から生まれた。一八世紀末から一九世紀前半の時期におけるロンドンの政治史で有名な集会場としてはストランド街のタヴァーン「クラウン・アンド・アンカー」が知られる。そこには二五〇〇名を収容できる大ホールがあり、C・J・フォックス、D・オコンネル、J・ブライトなどの著名な政治家がそれを利用した。そして一八三六年にはチャーティスト運動の出発点となる「ロンドン労働者協会」がここで結成されたのであった。

この一九世紀最大の民衆運動は飲酒の問題と浅からぬ因縁をもっていた。チャーティスト運動のなかには「モラル・フォース」派と呼ばれる流れがあったが、そのイデオロギーは同時代の節酒運動のそれと少なからず重なっていた。両者はいずれも、家父長主義的な伝統的社会の価値体系を否定し、労働者がその生活を厳しく律して自立した立派な市民になること、それが労働者の政治的ないし社会的な解放の道だとした。飲酒癖はそうした否定さるべき古い世界の象徴であった。それは労働者を貧困におしとどめるばかりでなく、知識の習得や政治意識の覚醒を妨げる最大の障害のひとつとみなされたのであった。このような「節制《テンペランス》」の主張が、「向上」の可能性をもつ労働者の上層部分にとくにつよくアピールしたのは、当然予想されるとおりである。

しかし、Ｆ・オコナーらチャーティスト運動の主流派にとって、こんなやり方は中流階級のイデオロギーに屈服するものでしかなかった。労働者の愛飲するビールやジンには文句を言いつつ、ちょうど動物愛護派が貴族の狩猟には目をつむったように、上・中流階級が家やホテルなどで楽しむワインには何も言わない節酒運動にどうして共鳴できようか。パブは労働者にとって「自由の牙城」である。それをなぜ、「お上品ぶった」中流階級人の諫《いさ》めにしたがって明け渡さなければならないのか。

こうした二つの主張のどちらが一般民衆の感情により近かったかといえば、後者の方であろう。それを裏付けるような事例をひとつ挙げてみよう。一八五五年七月、日曜日の商いを規制しようとする法案に反対してロンドンのハイド・パークで暴動事件があった。それはモラル・リフォーム運動のひとつ、日曜安息日遵守主義にたいする民衆の反感のあらわれであった。そして、そこにはパブの営業時間にたいする当局の一連の規制への反感も含まれていたのだった。

さらにいうと民衆の飲酒についての歴史家の評価にも、じつは以上の二つの立場に似た分岐がみられる。ウェッブ、ハモンドなどのかつてのフェビアン系の歴史家にとっては飲酒癖は大衆の無知蒙昧さのあらわれ以外の何ものでもなかった。ある意味ではエンゲルスもこの系譜に属しているといえるかもしれない。他方、今日のイギリス社会史研究のなかで民衆の伝統的な「カルチャー」に注目する人びとは、中流階級の支配的イデオロギーに対峙したという点で、パブと飲酒のなかに積極的な社会的意味を認めているのである。

最後に、女性がパブというものをどうみていたかを、間接的にうかがわせるような論説を紹介しておこう。一八三〇年代前半、『プア・マンズ・ガーディアン』と呼ばれる、職人を基盤とした急進主義運動の機関紙が発行されていたが、その一八三三年九月一四日号に「婦人の影響力」と題する論説がのっている。そのなかに次のようなくだりがある。

一般に婦人は政治というものが嫌いである。亭主どもが政治だといっては家事を放り出し、細君をないがしろにしてクラブ・ルームやパブリック・ハウスに行ってしまうからである。亭主は夜は家にいてくれて、パブリック・ハウスで金を使ったり、あるいは酔っぱらったりすることのないように婦人たちが願うのはよくわかる。以上の点では婦人たちの言い分はまったく正しい。我々も……この点について急進的な改革者たちは奥方の意向にさからわないことを希望する。そこで政治について議論するために集まる場合、パブリック・ハウスはさけ、できるだけ時間を短くするようにしようではないか。

「政治、政治といっているけれど、本当はパブでお酒を飲むのが目的なんでしょう」などと細君に詰問されて、答えに窮している亭主たちの顔がおもいうかぶようである。

パブの建築——効率主義とくつろぎ

ここでもう少しパブそれ自体の歴史をみるために、その建築様式の変化をたどることにしよう。

まず伝統的なパブ、ここではタヴァーンのもっとも基本的なかたちから始める。第一にそれは周囲の家屋とほとんど見分けがつかないごく普通の「ハウス」であった。その二階もしくは付属した施設に「パブリック・ルーム」ないし「クラブ・ルーム」が設けられ、そこがさまざまな会合の場所となった。屋外にダンス場をそなえつけたタヴァーンもあり、また中庭ではゲームもおこなわれた。次に一階であるが、そこは飲む場所であり、普通二つに区分されていた。第一は「タップ・ルーム」。壁にそって固定した木製のベンチ、木製のテーブル、そして大きな暖炉があり、この暖炉では持ち込みの材料を調理することもできた。第二は「パブリック・パーラー」と呼ばれる上客用の部屋で、それなりに立派な調度品が置かれていた。建築構造の上でも、場の雰囲気の上でも、ここでは「ハウス」たることに重点がおかれていた。こうした伝統的なパブについての回想文があるので紹介しておこう。

……ほとんどすべてのパブリック・ハウスにはパーラーとタップ・ルームがあった。前者は近所の商人たちの社交にあてられた。後者には労働者階級が使う暖炉……があった。伝統的なパブリック・ハウスのパーラーは一日の仕事が終ったあとのじつにここちよい社交の場であった。隣人や顔なじみが集まってはパイプをすいながら、あるいは一杯か二杯のエールを飲みながら教区の出来事やら国の政治について議論したものであった。そして主人のほうは椅子に坐ってホスト役になり、客をゲストとして、友人として扱ったのである。

文字どおりそれはパブリックに開かれたハウスだったのである。

こうしたかたちのタヴァーンは一九世紀になっても残ったのだが、ロンドンのような大都市について注目される変化は「ハウス」にたいする「ショップ」の要素が強くなっていくこ

パブの1階平面図

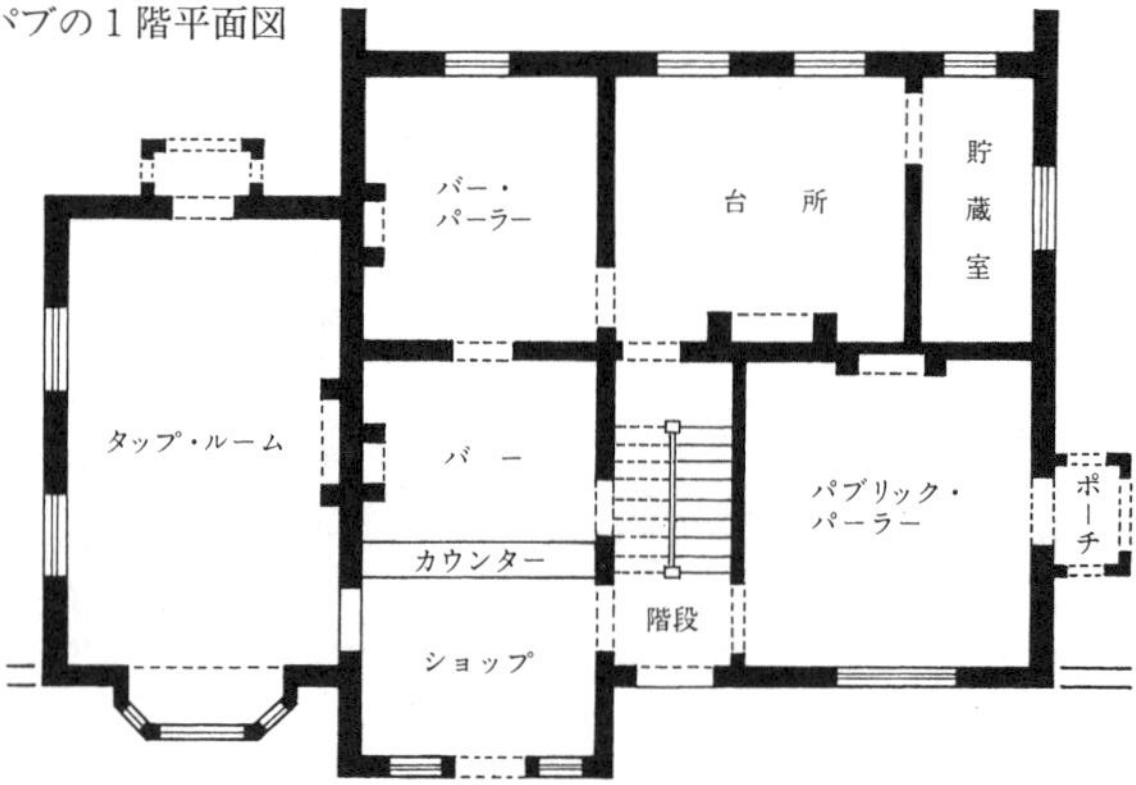

（典拠） M. Girouard, *Victorian Pubs*, 1975

とである。外装からいえば一八二〇年代、ガス照明と板ガラスをいち早く取り入れることによってパブは目立って華々しくなる。一方、内装のほうのもっとも大きな変化は「バー」である。バーはもともとはパブのオフィスの役割を果たす独立の部屋になっていた。それが今やカウンターがついてオープンになり、注文を受けるだけではなく、飲物もそこから直接、手渡されるようになった。上図は伝統的なタヴァーンのかたちにカウンター付きのバーと、「ショップ」と呼ばれる立ち飲み、ないし持ち帰り客用のフロアーがつけ加わった、いうならば混合タイプの平面図である。こうした変化は能率に重きをおいた商業主義の浸透によるものであり、こののちのパブの内装の変化とはもっぱらフロアー内にしめるバーの比率がタップ・ルームやパブリック・パーラーにたいして増大していくそれだといってよい。さきのいささか牧歌的なパブの描写の引用文は次のように続いている。

しかし今日のパブリック・ハウスではパーラーとタップ・ルームが完全に取り除かれてしまうか、または客が泉のバケツよろしくやってきて自分で酒をついではまた行ってしまうバーに模様替えしてしまっている。親しい交り合いやおしゃべりの場所はもうほとんど残されていないのだ。

こうした「ショップ」化の先駆的なものが「ジン・ショップ」であった。イギリスでジンが飲まれるようになったのは一八世紀に入ってからだが、当初、とくにロンドンでは大変な流行となり、一八世紀中葉の法的規制の強化までジン・フィーバーとでも呼ぶべきような光景がみられた。当時のロンドンにおける出生率の低下の原因をジンの飲みすぎにみる見方さえあるほどである。ジンを供したパブは「ジン・ショップ」ないし「ドラム・ショップ」と呼ばれたが、ショップの名のとおりもっぱら客の回転を早めることに重点がおかれ、客は椅子なしで立ったまま飲むか持ち帰るかであった。そしてそのカウンター越しの販売方法が一九世紀になるとタヴァーンなどの伝統的なパブにも入りこんできたわけである。

一八二〇年代はさきにみたようにジンの消費量が再び上昇した。一八世紀前半のジン・フィーバーの悪夢がよびさまされたかのごとくであった。そして社会の「良識ある」人びとの懸念を一層ましたのがジン・ショップの豪華版とでもいうべき、いわゆる「ジン・パレス」の出現であった。それは都市のなかに文字通り別天地をつくりだしたのであった。一八三四年の下院の飲酒問題に関する特別委員会でロンドンの一住民は次のように証言している。

> 私の家の真向かいにあるパブリック・ハウスはスピリッツの消費も微々たるものでしたが、それがジン・パレスになってしまったのです。出入口がひとつしかない小さなうす汚いパブリック・ハウスが一変して豪華な建物になってしまったわけです。正面には立派な装飾を施した柱があり、蛇腹状の軒飾りやなげし、手すりを支えています。……出入口も……四フィート幅のものがひとつあっただけなのが、今や三つになり、幅も八ないし一〇フィートになりました。……扉や窓には非常に大きな板ガラスがはめこまれています。ガス照明もたいそう高価なものです。……建物が完成すると土曜の夜六時開店と書かれたプラカードをもった人間が教区を練り歩きました。当日は音楽隊が出まし

た。街は集まった群衆で歩くこともできなかったほどです。ドアがあくと人びとが殺到して、たちまち満杯となりました。そうしたことが深夜まで続いたのです。

●ジン・パレスの入口（ジョージ・クルックシャンクの風刺画）

内部は区切りのない一室になっているのが普通で、ジンやラムなどの酒は巨大なバーから客に手渡された。ハモンドの紹介する当時の調査によれば、ロンドンの一四の主なジン・パレスの一週間の客は二六万九四三八人だったという。

このジン・パレスはたしかに産業社会初期の殺伐とした都市の光景であった。じっさい、当時のジン・パレスの絵にみる人びとの姿は悲惨そのものである。しかしながらジン・パレスのスタイルは長続きしなかった。やがてバーには椅子が備え付けられるようになり、さらにバーそれ自体がいくつかに仕切られるようになった。そして一九世紀末になるとバーは労働者向けの「パブリック・バー」とそれ以外の人びと、とくにホワイト・カラー層向けの「サルーン・バー」というかたちに落ち着く。今日よくいわれるパブ内の階級による区分けはこうしてできあがったのである。なお一時はバーの極端な細分化が流行し、なかには今の日本の同伴喫茶のようなものもあったらしい。

こうして一九世紀のパブは全体としてバーの拡大というかたちで「ショップ」化していった。ジン・パレスはそれを極端なかたちにまで押し進めたものだといえよう。しかしそれは結局、長続きしなかった。くつろぎの要素を完全に排した極端な効率主義は、人びとがパブに本当に求めるものをついにみたすことができなかったのである。

新しい都市環境とパブ

一九世紀末、パブはその黄金時代をむかえた。そこにはあとにもさきにもないような豪華さがあった。すでにみたように一人当たりのアルコール飲料の消費量もそのころがピークであった。しかし、このころをさかいに都市生活全体にしめるパブと飲酒の意味は低下してゆく。とりわけ、鉄道の発展はインを完全に没落させた。さまざまな用途に応じた建造物の増加は集会場としてのパブへの依存度を低めていった。上・中流階級の人びとにとってはクラブやレストランなどの「上品な」場の充実があった。パブはもはや「パブリック・ハウス」ではなくなる。「パブ」という呼称が一九世紀中葉以降に用いられるようになるのもその意味では象徴的である。

パブを中心としたレクリエーションのパターンも同じころ、大きく崩れていく。公園、図書館、動物園、美術館、博物館等々の充実。また日曜安息日遵守主義派の反対を押し切ったこれらの施設の休日オープン。もっともブリティッシュ・ミュージアムとナショナル・ギャラリーのそれが実現したのは一八九六年になってからだったが。さらに鉄道旅行の機会の増大、プロ・スポーツ組織の誕生、ミュージック・ホールの繁栄。それから忘れてはならないのは水道設備の改良と水質の改善。また労働者の住居条件にもようやく改善の兆しがみえはじめた。当時、きちんとした住宅の提供こそが「パブリック・ハウスにたいする真の特効薬」だと指摘する者があったが、まさにそのとおりであった。

一言でいえば一九世紀後半、ようやく本腰がいれられるようになった都市のアメニティの充足が、究極的には飲酒の「問題」を解決してゆくのである。

あとがき

イギリス人は日常生活のレベルで、何を食べ、何を身につけ、何を考えてきたのか。イギリス史研究の成果は汗牛充棟ただならぬものがあるのに、このような問題にはほとんど答えが用意されていない。これまで経済史や政治史の研究に従ってきたわれわれが、「生活社会史」をめざして研究会を始めたのは、こうした反省からである。ときに一九七七年六月のことであった。

問題をとりあえず工業化との関連で捉えるとして、われわれには二つの基本視角があった。特定のものやサービスがいかに生産されたかではなく、それがなぜ需要され、いかに用いられたかを明らかにすること、および工業化に伴う都市化が、イギリス人の生活をどのように変えたかを検討することがそれである。こうすれば、農村を中心とした生産の歴史として書かれがちであったこれまでのイギリス史に、何か新生面がひらけるだろうといういささかの期待もあった。

一八、九世紀のイギリスでは、工業化に伴って新しい都市が多数成立し、他方では伝統的な農村共同体が崩壊してゆく。しかし、しょせん人間は、ひとり孤立して生きることはできない。新興都市の住民が友愛協会のような自発的組織をつくり、資本家たちが都市を建設したばかりか、住民の新たな「共同体」づくりにさえ精を出したのは、そのためである。この目的に利用されたのが、各種のレジャーや宗教である。それにしても、ほんらい共同体が供給してきたサービス――養老、救貧、医療、冠婚葬祭など――は、「福祉国家」的な諸制度が整うまでのあいだ、どのようにして確保されたのか。本書は、将来このような問題を考えてゆくための踏み台として書かれたといってもよい。

ところで、研究会五年目の本年、会のリーダーである角山榮先生にはめでたく還暦を迎えられた。本書を研究会メンバー一同よりのささやかな記念として先生に捧げる次第である。

なお、いろいろな時期に研究会に御協力いただいた安澤みね、浅田実、栗本慎一郎、藤田弘之、江川志をり、若山久美恵の各氏にもここで謝意を表しておきたい。

終りに、本書の出版を快諾下さった平凡社の皆様、とりわけ井上智充氏にも心からお礼申しあげる。

一九八一年一一月

イギリス都市生活史研究会
川北　稔

解説――大英帝国と路地裏のはざまに

富山太佳夫

『路地裏の大英帝国』を久し振りに読み返すことになった。このタイトルは一体誰の発案になるものなのか、歴史学の本のそれとしては鮮やかすぎるくらいに鮮やかだ。一九八二年に初めてこの本を手にして、その日のうちに読み了えたときにもそう思ったし、今でもその印象は変わらない。路地裏、つまり民衆の日常生活と大英帝国――確かにこの二つはこの二〇年間ほどのイギリス史研究の、少なくともある部分においては、主導的な役割を果たした豊かな概念であった。

その頃の読書メモがもう手元にないので、初めて読んだときのことを正確に思い出すことはできないが、あのときの新鮮な驚きとある種の苛立ちは今でもはっきりと記憶している。ヴィクトリア時代の英文学の研究に手をつけていた私には、この本は避けて通ることのできないものであった。そして自分でこの本を読んだあとでは、この本を参照しない英文学者に苛立ち、その一方で、この本を歴史学のスタンダードな記述として金科玉条視する英文学者にも苛立った。当時としては、これはイギリス史研究の安定した標準的な成果であるどころか、むしろ大胆な実験といってよいくらいの試みであった。

その本を今久し振りに読み返してみる。そうすると、ほんの二〇年ほど前の本であるにもかかわらず、何かもっとずっと前の本であるような錯覚にとらわれてしまう。この本はすでにある種の古さをおびてしまっているのだ。しかし、これは否定的な意味で言うのではなく、むしろこの二〇年間のイギリス史研究の少なくともある部分で起きた大きな変革の先導役をこの本がつとめたということである。昨今大いに流行している社会史、文化史のひとつの出発点になったのが『路地裏の大英帝国』だったということである――当然ながら、そこには大胆な視座の転換と、それにはつきものの未整理の論点がいくつも含まれていた。この本を読み返しながら私がしきりと考えたのはその点である。

＊

川北稔氏の短い「あとがき」は、この本で着手される大胆な視座の転換を気持ちのよいくらいあっさりと語っている。

イギリス人は日常生活のレベルで、何を食べ、何を身につけ、何を考えてきたのか。イギリス史研究の成果は汗牛充棟ただならぬものがあるのに、このような問題にはほとんど答えが用意されていない。これまで経済史や政治史の研究に従ってきたわれわれが、「生活社会史」をめざして研究会を始めたのは、こうした反省からである。ときに一九七七年六月のことであった。

一九七七年六月に関西でイギリス都市生活史研究会がスタートする頃までには、ヴィクトリア時代の文学の研究に手をつけていた私は、日本におけるイギリス史の研究には絶望していた。法制度や政治、経済の歴史こそが正統的な歴史学の正統的な問題領域であることは十分に分かるのだが、なにも歴史学の対象はそこだけにあるわけではないだろう。とくに文学の研究をしていると、いやでもそのために役立つ歴史学を求めることになる。もちろん歴史学者の立場からするならば、そんなものは勝手な要求だとしてつっぱねることができるのかもしれないが、そのような要求は本当に意味のないものなのだろうか。

たとえばヴィクトリア時代における宗教と文学の関係について考えてみようとするときに、その宗教をめぐる確かな歴史的知識を提供してくれる歴史の本は、日本人の研究者の手になるそれは、見あたらなかった。おそらくその事情は今も変わらない。マルクス主義の歴史観の影響の強さもひとつの理由としてあげていいのかもしれないが、労働運動史の分野の成果はあるにもかかわらず、そこから〈宗教〉の文字は排除されていた。チャーティズムの運動もラスキンの経済説も宗教との関わりを抜きにしては考えられないし、一九世紀末のベルフォート・バックスのように社会主義そのものを宗教とみなす運動家もいたにもかかわらず、そうであった。あるいはキットソン゠クラークが『ヴィクトリア時代のイングランドの形成』の中で、この時期の大きな特徴のひとつとして宗教復活ということをすでに指摘していたにもかかわらず、と言ってもよいだろう。今、かりに宗教活動なるものを三つのレベルに分けてみるならば、そのひとつは神学（宗教思想）であり、その次に組織活動（教会制度、布教活動など）があり、さらに人々の日常の宗教活動や宗教感情のレベルがある。とくにこの第二、第三のレベルについて多少なりとも知識がなければ、ディケンズもテニスンも、ジョージ・エリオットも、世紀末の大ベストセラー小説『ロバート・エルズミア』（一八八八年）もしかるべき理解は望めない。しかし、そのときに頼るべき歴史記述が見つからなかったのだ――私は日本のイギリス史の研究者から眼をそらして、英米の研究に頼るしかなかった。英語の文献を読むことに不服があったわけではないが、ただイギリス史の研究者のスタンスには何か釈然としないものがずっとついてまわった。

ヴィクトリア時代の文学に登場するのは大抵等身大の人間たちである。その彼らを理解し、その時代の文学をよりよく読むために私が必要としていたのは、彼らが「日常生活のレベルで、何を食べ、何を身につけ、何を考えてきたのか」を教えてくれる歴史記述であった。私は自分で勝手に食物のこと、病気のこと、社会改良のこと、使用人のこと、レジャーやスポーツのことなどを調べてゆく以外に手はないと覚悟していた。そして一九八二年に『路地裏の大英帝国』に出会う。そして川北氏の「あとがき」を読む。あのときの驚きと安堵と、そして奇妙に気の抜けたような感覚を今でもよく覚えている。

＊

言うまでもなく、「生活社会史」への方向転換はイギリス都市生活史研究会のみの着想ではなかっただろう。すでにあちこちで大きな期待を込めて社会史という言葉が口にされていたし、アナール学派の仕事の紹介も始まっていた。ある意味では、誰が、最初にどのようなテーマに手をつけるのかを待つような状態ではなかったかと思う。そのような状況下で、都市化、消費生活の台頭、民衆の生活史を軸にした構成は見事なものであった——労働者という概念の背後から消費する民衆という等身大の歴史像を引き出した功績は忘れることのできないものであるだろう。この着眼は、わが国におけるそれ以降のイギリス史研究のひとつの大きな軸になっているし、この二〇年間の英米でも同じパラダイムに依拠した研究がおびただしく出版され、すでに紋切型の感すら呈している。

そうした新しい研究をにらみながら振り返ってみると、しかしながら、『路地裏の大英帝国』に欠落していたものもよく見えてくる。もう一度川北氏の言葉に戻る。「何を食べ、何を身につけ、何を考えてきたのか」——冗談を込めて言うならば、これは関西人の発想かもしれない。食う、着る、思考するの三つが日常生活の中から浮上してくるのは。私は東京人ではないし、そんなものになりたいとも思わないが、私ならば、食べれば出る、着れば脱ぐ、考えれば狂うといった連想をしそうである。つまり、日常生活の中にひそんでいる衛生問題、セクシュアリティの問題、そして犯罪や狂気の問題の方向に関心をひきずられてしまいそうだ。しかし、これにしても私の独創というにはほど遠い——ミシェル・フーコーの一連の仕事を歴史の場で具体化するための話題というにすぎないだろう。

この本を読みながら、私は繰返しフーコーの問題提起を考えた。この本の執筆者たちは彼の特異な歴史記述をどう評価したのだろうか、それとも無視したのだろうか。アナール学派と称される人々でさえフーコーから眼をそむけるようにしていた時代のことではあるし、

E・P・トムソンのようにアルチュセール嫌いを公然と表明することがひとつの見識として通用したイギリス史のことだから、何の関心もなかったのかもしれない。要は資料実証主義であった。それもまたひとつの頑迷な理論的フィクションであるという反省はなかったのかもしれない。フーコーのディスクール論は危険な罠になりかねないという不安を感じ取ることすらなく、やりすごされてしまったのかもしれない。もちろん資料実証主義も歴史学のひとつの、あくまでもひとつの、妥当な方法であることは否定できない以上、「生活社会史」がそれを守ろうとするのは当然と言えば当然である。しかし、その場合には、解明すべき対象を生産し搾取される労働者から消費する民衆に変えただけで、フーコーのディスクール論、表象論が誘発したはずの歴史学の問い直しを素通りしてしまうことになるのではないか。私の気持ちはここで二つの方向に分かれる。それでも十分に面白い生活社会史が成立しうるという思いと、いや、その先に待っているのはひたすら生活史の細部にこだわるだけの歴史談義になってしまいはしないかという思いとに。政治史や経済史の知識もろくにないままに、細部にこそ歴史の現実があると錯覚する歴史談義になってしまいはしないのか——残念ながら、それはそれで十分に面白いのだが。

＊

『路地裏の大英帝国』に対する最大の不満は、そこから大英帝国が欠落しているということである。これが奇をてらった指摘でないことは、この一〇何年かの歴史学と文学の研究を見ていれば容易に納得できるはずである。われわれの眼の前には『オックスフォード版大英帝国史』全五巻(一九九九年)まで揃っている。

問題ははっきりしている、イギリスの路地裏の生活様式と価値観がどのように植民地に持ちだされ、植民地の物と人と文化がどのように路地裏にまで流れ込んで、互いに相手を規定しあったのかということである。イギリスの──正確にはイングランドの──国内史に拘泥し続けてきた日本のイギリス史の研究者にとって、これは、〈消費する民衆〉とならんで、新しい問題領域であったはずである。アーノルド・トインビーの『産業革命論』(一八八四年)とJ・R・シーリィの『イングランドの拡張』(一八八三年)はほぼ同じ時期に刊行されているが、言ってみれば、前者のあとに続く経済史から、後者の問題提起を正面からうけとめる帝国史への方向転換ということである。一八世紀のイングランドの歴史は大英帝国とのつながりを抜きにしては語れないというのが、シーリィの主張であった。

英文学の研究ではエドワード・サイードの『文化と帝国主義』(一九九三年)を特筆すべきであろう。英文学とはイギリス国内のみに限定される出来事ではなくて、つねに外部との、他者との、植民地との交流を前提としているという彼の指摘は、否認しようのない力をもっている。しかしこのすぐれた指摘は、結果的には、歴史のプロセスを単純化しすぎる側面をはらんでいた。そのことを痛感させる議論はいささか意外なところから出てくる——私の考えているのはリンダ・コリーの『ブリトン人、ネイションの捏造、一七〇七‐一八三七年』(一九九二年)である。彼女はジェラルド・ニューマンが『イングランド・ナショナリズムの台頭』(一九八七年)の中で提示した、一八世紀のイングランドにおけるネイション意識は文化の各層における強烈な対フランスの敵意を媒介としたものだという洞察をさらに一歩進めて、その対抗意識は海峡をはさんでだけでなく、カナダ、アメリカ、インド、南太平洋などの植民地でも機能したと主張する。われわれが必要とするのはイギリス対植民地という図式ではなく、イギリス対フランス(西欧の内なる他者)対植民地(異質なる他者)という三項対立の枠組であるということだ。本人たちがはっきりと表白するかしないかは別にして、こうした議論を支える文化表象の分析がフーコー以降の、何らかのかたちで彼の影響下にあるものであることは歴然としている。

ブロードサイド(瓦版)から、いわゆる文学まで。新聞、雑誌から、いわゆる図像まで。これらの研究者の仕事を通して、歴史学の相手にすべき資料なるものが異様なほどに拡散してくる。一体、資料とは何なのか。資料批判を言い、資料実証主義を云々するまえに、一体資料とは何なのか。私が英文学の研究者であるとしてもこの問いは避けて通れない。イギリスの文学、文化、歴史を大英帝国という枠組の中で考えてみようとするときに出てくる問題のひとつは、間違いなくこれのはずである。ディケンズの『ボズのスケッチ集』や『パンチ』をヴィクトリア時代の文化の表象として歴史研究の中で使うというとき、それはいかなる資料でありうるのか。『路地裏の大英帝国』を手にしたとき、私はその問題の前にいた。そして苛立った。なぜ歴史学者はここまでやすやすと〈資料〉の分析に埋没してしまうのか。この本についての私の思い出はつねにこの苛立ちとひとつになっている。

＊

私はのちにこの本の執筆者のひとりと仲よくなった。二人の議論はいつも同じところまで来て立ちどまってしまうが、お互いにこの本のことを忘れたいと思ったことはない。『路地裏の大英帝国』は江戸っ子である彼の歴史研究の方向を決めたように思えるし、私にとっては格好のケンカ相手を得るきっかけとなった。この本は私にとって今も、いつも生きている。

（とみやま　たかお／英文学）

『人文学報』50号，1981年３月
L.マンフォード（生田　勉訳）『歴史の都市　明日の都市』 新潮社　1969年
D.デイシャス（早乙女　忠訳）『イギリス文学散歩』 朝日イブニングニュース社　1980年
H.ブラウン（小野悦子訳）『英国建築物語』 晶文社　1980年
加藤祐三『イギリスとアジア』 岩波書店　1980年
川北　稔「イギリスの旅籠《イン》」 平凡社『月刊百科』199号，1979年
小川晃一『英国社会における伝統と変化』 御茶の水書房　1973年
G.オーウェル『オーウェル著作集』III巻，平凡社　1970年
B.フランクリン（松本慎一，西川正身訳）『フランクリン自伝』 岩波書店　1957年

〔邦語文献〕

ミッチェル／リーズ（松村　赳訳）『ロンドン庶民生活史』 みすず書房　1971年
角山　榮『産業革命と民衆』 河出書房新社　1975年
小池　滋『ロンドン』 中央公論社　1978年
バンクス夫妻（河村貞枝訳）『ヴィクトリア時代の女性たち――フェミニズムと家族計画――』 創文社　1980年
村岡健次『ヴィクトリア時代の政治と社会』 ミネルヴァ書房　1980年
R.タナヒル（小野村正敏訳）『食物と歴史』 評論社　1980年
F.エンゲルス（武田隆夫訳）『イギリスにおける労働階級の状態』 新潮社　1960年
柿本宏樹「イギリス産業革命期における小売商業の諸問題」『経営史学』 8巻3号，1974年
角山　榮『茶の世界史』 中央公論社　1980年
安澤みね「英・米における生活・食料問題研究動向」『私学研修』65号，1975年
R.H.シュライオック（大城　功訳）『近代医学の発達』 平凡社　1974年
川喜田愛郎『近代医学の史的基盤』上・下　岩波書店　1977年
樫原　朗『イギリス社会保障の史的研究 1』 法律文化社　1973年
荒井政治『近代イギリス社会経済史』 未来社　1968年
小川喜一『イギリス国営医療事業の成立過程に関する研究』 風間書房　1968年
下田平裕身「イギリスにおける友愛組合運動の発展とその帰結――社会保険論序説――」 東京都立大学『経済と経済学』28号，1971年
中野保男「初期のイギリス友愛協会」 京都大学人文科学研究所

Dingle, A. E., 'Drink and Working-Class Living Standards in Britain 1870-1914', *The Economic History Review*, 2nd ser. xxv 4, 1972.

Clark, P., 'The Alehouse and the Alternative Society', in *Puritans and Revolutionaries,* eds. by D. Pennington & K. Thomas, 1978.

Girouard, M., *Victorian Pubs*, 1975.

Hammond, J. L. & B., *The Age of the Chartists 1832-1854; a Study of Discontent*, 1930.

Harrison, B., *Drink and the Victorians: the Temperance Question in England 1815-1872*, 1971.

Hill, C., *The World Upside Down: Radical Ideas during the English Revolution,* 1972.

Jones, G. S., 'Working-Class Culture and Working-Class Politics in London 1870-1900', *Journal of Social History*, vii, 1973.

Lowerson, J. & Myerscough, J., *Time to Spare in Victorian England,* 1977.

Malcolmson, R. W., *Popular Recreations in English Society 1700-1850*, 1973.

Mayhew, H., *London Labour and the London Poor*, 1862 ed.

Philips, D., *Crime and Authority in Victorian England; the Black Country 1835-1860*, 1977.

Taine, H., *Notes sur L'Angleterre*, 1860-1870.

Webb, S. & B., *The History of Liquor Licensing in England,* 1903.

8　リゾート都市とレジャー

Lennard, Reginald, *Englishmen at Rest and Play : Some Phases of English Leisure, 1558-1714,* 1931.

Gilbert, E. W., 'Growth of Inland and Seaside Health Resorts in England', *Scottish Geographical Magazine*, Jan. 1939.

Pimlott, J. A. R., *The Englishman's Holiday : A Social History*, 1947.

Gilbert, E. W., *Brighton Old Ocean's Bauble*, 1954.

Connely, Willard, *Beau Nash : Monarch of Bath and Tunbridge Wells*, 1955.

Hern, Anthony, *The History of the English Seaside Resort*, 1967.

Gadd, David, *Georgian Summer: Bath in the Eighteenth Century*, 1971.

Anderson, Frederick, *The Inland Resorts and Spas of Britain*, 1973.

Bridgeman, H. & Drury, E., *Beside the Seaside: A Picture Postcard Album*, 1977.

Walvin, James, *Leisure and Society 1830-1950*, 1978.

――*Beside the Seaside : A Social History of the Popular Seaside Holiday*, 1978.

Anderson, J. & Swinglehurst, E., *The Victorian and Edwardian Seaside*, 1978.

9　パブと飲酒

Bailey, P., *Leisure and Class in Victorian England: Rational Recreation and the Contest*, 1978.

Cunningham, H., *Leisure in the Industrial Revolution: c. 1780-1880*, 1980.

7　地方都市の生活環境

Granville, A. B., *Spas of England and Principal Sea-bathing Places*, 1841, New ed. 1971.

Aikin, John, *A Description of the Country from Thirty to Forty Miles round Manchester*, 1968. Reprint of the 1795 ed.

Dobson, W. & Harland J., *A History of Preston Guild*, 1971. Reprint of the 1862 ed.

Forster, John, *The Life of Charles Dickens*, 1872-4, New ed. with introduction by G. K. Chesterton, 1948.

※Borsay, Peter, 'The English Urban Renaissance: The Development of Provincial Urban Culture c. 1680-1760', *Social History*, 5, May 1977.

Pevsner, Nikolaus, *The Buildings of England: North Lancashire*, 1979. Reprint of the 1969 ed.

Chalklin, C. W., 'Capital Expenditure on Building for Cultural Purposes in Provincial England, 1730-1830', *Business History*, XXII, No. I, January 1980.

Hoskins, W. G., *The Making of the English Landscape*, 1973. Reprint of the 1970 ed.

※Plumb, J. H., *The Commercialisation of Leisure in Eighteenth-century England*, 1973.

Cole, G. D. H., 'Town-life in the Provinces', Turberville, A. S. ed. *Johnson's England: An Account of the Life and Manners of his Age*, vol. I, 1965. Reprint of the 1952 ed.

Hardwick, Charles, *History of the Borough of Preston and its Environs, in the County of Lancaster*, 1857.

The Victoria History of the County of Lancashire, vol. vii, 1966. Reprint of the 1912 ed.

Mortality in England and Wales during the Nineteenth Century', *Population Studies*, 16, 1963.

Morris, R. J., *Cholera 1832 : The Social Response to an Epidemic*, 1976.

Ackerknecht, Erwin H., 'Anticontagionism between 1821 and 1867', *Bulletin of the History of Medicine*, vol. 22, 1948.

5　いざというときに備えて

Gosden, P. H. J. H., *The Friendly Societies in England 1815–1875*, 1961.

Gosden, P. H. J. H., *Self-help, Voluntary Associations in the 19 th Century*, 1973.

Report from the Select Committee of the House of Commons on the Friendly Societies Bill, 1854.

Fourth Report from the Royal Commission appointed to inquire into Friendly and Benefit Building Societies, 1874.

Friendly Society に関する同様の議会報告は，1825，27，48，49，52，54年にそれぞれ出されている。

6　ヴィクトリア時代の家事使用人

Horn, Pamela, *The Rise and Fall of the Victorian Servant*, 1975.

Huggett, Frank E., *Life Below Stairs : Domestic Servants in England from Victorian Times*, 1977.

Marshall, Dorothy, *The English Domestic Servant in History*, 1949.

Stuart, Dorothy M., *The English Abigail*, 1946.

※Banks, J. A., *Prosperity and Parenthood : A Study of Family Planning among the Victorian Middle Classes*, 1954.

2nd ed., 1974.
※Burnett, John, *Plenty and Want*, 1966.
Mrs Beeton's Family Cookery, n.d.

3　白いパンと一杯の紅茶

Alexander, David, *Retailing in England during the Industrial Revolution*, 1970.
Barker, T. C., McKenzie, J. C. & Yudkin, J. (eds.), *Our Changing Fare*, 1966.
Brown, John, *A Memoir of Robert Blincoe*, 1832, 1977.
Burnett, John, *A History of the Cost of Living*, 1969.
Curtis-Bennett, Sir Noel, *The Food of the People*, 1949.
Davis, Dorothy, *A History of Shopping*, 1966.
Jefferys, J. B., *Retail Trading in Britain 1850–1950*, 1954.
Johnston, J. P., *A Hundred Years Eating*, 1977.
Oddy, D. & Miller, D. (eds.), *The Making of the Modern British Diet*, 1976.
Report of Select Committee on Adulteration of Food, etc., 1856, 1968.

4　病気の社会史

Creighton, Charles, *A History of Epidemics*, 2 vols., 2nd ed., 1965.
Dyos, H. J. & Wolff, M. (eds.), *The Victorian City: Images and Realities*, vol.2, 1973.
※Chadwick, E., *Report on the Sanitary Condition of the Labouring Population of Gt. Britain*, 1842 (ed. M. W. Flinn, 1965.)
McKeown, T. & Record, R. G., 'Reasons for the Decline of

文献案内

※印は他の章にも関係の深いもの

〔欧文文献〕

1　都市文化の誕生

Clark, P. & Slack, S., *English Towns in Transition 1500-1700*, 1976.

Abrams, P. & Wrigley, E. A. (eds.), *Towns in Society*, 1978.

Clark, P. (ed.), *The Early Modern Town*, 1976.

Chalklin, C. W. & Havinden (eds.), *Rural Change and Urban Growth 1500-1800*, 1974.

Chalklin, C. W., *The Provincial Towns of Georgian England*, 1974.

George, M. D., *London Life in the Eighteenth Century*, 1925.

Eichthal, G. d' (tr. by B. M. Ratcliffe & W. H. Chaloner), *A French Sociologist Looks at Britain*, 1977.

Moritz, C. P. (tr. by R. Nettel), *Journeys of A German in England in 1782*, 1965.

※Defoe, D., *A Tour through the Whole Island of Great Britain*, 2 vols. (Everyman's Library), 1962.

2　家庭と消費生活

Black, Eugene C. (ed.), *Victorian Culture and Society*, 1973.

Calder, Jenni, *The Victorian Home*, 1977.

Huggett, Frank E., *Victorian England, as seen by Punch*, 1978.

Priestley, J. B., *Victoria's Heyday* (Penguin Books), 1972.

Pike, E. R., *Human Documents of the Victorian Golden Age*,

執筆者紹介（執筆順）

都市文化の誕生	川北《かわきた》　稔《みのる》	大阪大学名誉教授
家庭と消費生活	角山《つのやま》　榮《さかえ》	和歌山大学名誉教授
白いパンと一杯の紅茶	荒井《あらい》政治《まさじ》	関西大学名誉教授
病気の社会史	村岡《むらおか》健次《けんじ》	甲南大学名誉教授
いざというときに備えて	中野《なかの》保男《やすお》	大阪女子大学名誉教授
ヴィクトリア時代の家事使用人	河村《かわむら》貞枝《さだえ》	京都府立大学名誉教授
地方都市の生活環境	米田《よねだ》清治《せいじ》	岐阜経済大学名誉教授
リゾート都市とレジャー	川島《かわしま》昭夫《あきお》	京都大学名誉教授
パブと飲酒	見市《みいち》雅俊《まさとし》	中央大学名誉教授

平凡社ライブラリー　381

路地裏《ろじうら》の大英帝国《だいえいていこく》

イギリス都市生活史

発行日…………2001年2月7日　初版第1刷
2022年8月20日　初版第2刷

編者……………角山　榮・川北　稔

発行者…………下中美都

発行所…………株式会社平凡社

〒101-0051　東京都千代田区神田神保町3-29
電話　(03)3230-6579[編集]
(03)3230-6573[営業]
振替　00180-0-29639

印刷・製本………図書印刷株式会社

装幀……………中垣信夫

ISBN978-4-582-76381-2
NDC分類番号233
B6変型判(16.0cm)　総ページ368

平凡社ホームページ https://www.heibonsha.co.jp/

落丁・乱丁本のお取り替えは小社読者サービス係まで
直接お送りください(送料,小社負担).

平凡社ライブラリー　既刊より

【世界の歴史と文化】

斎藤　眞……アメリカとは何か
ジェローラモ・カルダーノ……カルダーノ自伝――ルネサンス万能人の生涯
オウィディウス……恋の技法［アルス・アマトリア］
L・フェーヴル……歴史のための闘い
三浦國雄……風水　中国人のトポス
前嶋信次……アラビアン・ナイトの世界
前嶋信次……アラビアの医術
二宮宏之……全体を見る眼と歴史家たち
毛沢東……毛沢東語録
J・A・コメニウス……世界図絵
谷　泰……牧夫フランチェスコの一日――イタリア中部山村生活誌
鶴岡真弓……ジョイスとケルト世界――アイルランド芸術の系譜
川崎寿彦……森のイングランド――ロビン・フッドからチャタレー夫人まで
J・J・ヨルゲンセン……アシジの聖フランシスコ
山形孝夫……砂漠の修道院
上智大学中世思想研究所 監修……キリスト教史1 初代教会
上智大学中世思想研究所 監修……キリスト教史2 教父時代

上智大学中世思想研究所 監修……キリスト教史3 中世キリスト教の成立
上智大学中世思想研究所 監修……キリスト教史4 中世キリスト教の発展
上智大学中世思想研究所 監修……キリスト教史5 信仰分裂の時代
上智大学中世思想研究所 監修……キリスト教史6 バロック時代のキリスト教
上智大学中世思想研究所 監修……キリスト教史7 啓蒙と革命の時代
上智大学中世思想研究所 監修……キリスト教史8 ロマン主義時代のキリスト教
上智大学中世思想研究所 監修……キリスト教史9 自由主義とキリスト教
上智大学中世思想研究所 監修……キリスト教史10 現代世界とキリスト教の発展
上智大学中世思想研究所 監修……キリスト教史11 現代に生きる教会

【思想・精神史】

林 達夫……林達夫セレクション1 反語的精神
林 達夫……林達夫セレクション2 文芸復興
林 達夫……林達夫セレクション3 精神史
林 達夫＋久野 収……思想のドラマトゥルギー
エドワード・W・サイード……オリエンタリズム 上・下
エドワード・W・サイード……知識人とは何か
野村 修……ベンヤミンの生涯

宮本忠雄……言語と妄想――危機意識の病理
ルイ・アルチュセール……マルクスのために
マルティン・ハイデッガー……形而上学入門
マルティン・ハイデッガー……ニーチェI・II
マルティン・ハイデッガー……言葉についての対話――日本人と問う人とのあいだの
マルティン・ハイデッガー ほか……30年の危機と哲学
ニコラウス・クザーヌス……学識ある無知について
P・ティリッヒ……生きる勇気
C・G・ユング……創造する無意識――ユングの文芸論
C・G・ユング……現在と未来――ユングの文明論
R・A・ニコルソン……イスラムの神秘主義――スーフィズム入門
市村弘正……増補「名づけ」の精神史
ミハイル・バフチン……小説の言葉――付:「小説の言葉の前史より」
G・W・F・ヘーゲル……精神現象学 上・下
G・W・F・ヘーゲル……キリスト教の精神とその運命
T・イーグルトン……イデオロギーとは何か
K・リーゼンフーバー……西洋古代・中世哲学史

【エッセイ・ノンフィクション】

Heibonsha Library

平凡社